天体観測の基礎知識

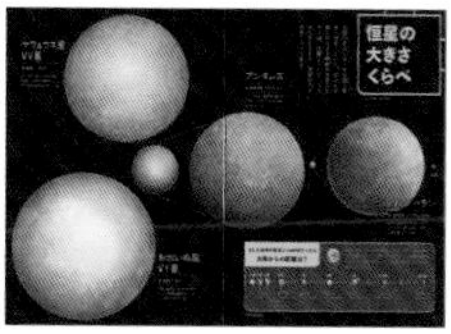

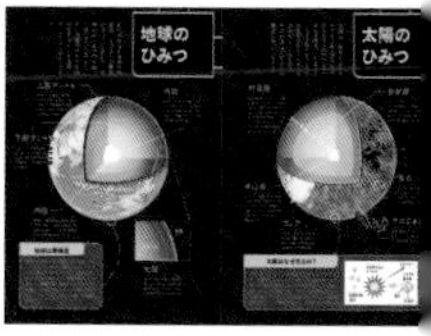

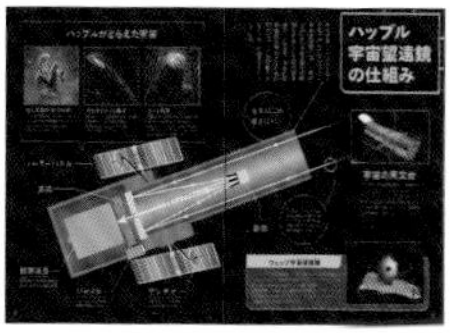

星の大《おお》きさくらべ

太陽系には、大きさも見た目もさまざまな8つの惑星《わくせい》がある。最も大きな木星は、地球の約11倍だ。このほか太陽系には、小惑星や衛星、太陽系《たいようけい》外縁天体《がいえんてんたい》、彗星《すいせい》などがある。

木星

直径《ちょっけい》約14万《まん》2984km

太陽系で最大の惑星。ガリレオが発見した４つの衛星を含め、84個の衛星をもつ。

©NASA/JPL-Caltech

天王星

直径《ちょっけい》約5万《まん》1118km

太陽系で３番目に大きい氷の惑星。水素やヘリウムなどの大気でおおわれている。

土星

直径《ちょっけい》約12万《まん》536km

太陽系で２番目に大きい。氷の粒《つぶ》からなる環がある。環の直径は土星の2倍以上。

海王星

直径《ちょっけい》約4万《まん》9528km

天王星よりわずかに小さな氷の惑星。天王星とよく似《に》ていて、双子《ふたご》のような存在。

冥王星（準惑星《じゅんわくせい》）

直径《ちょっけい》約2370km

月の３分の２ほどの大きさ。それまで惑星だったが、2006年に準惑星となった。

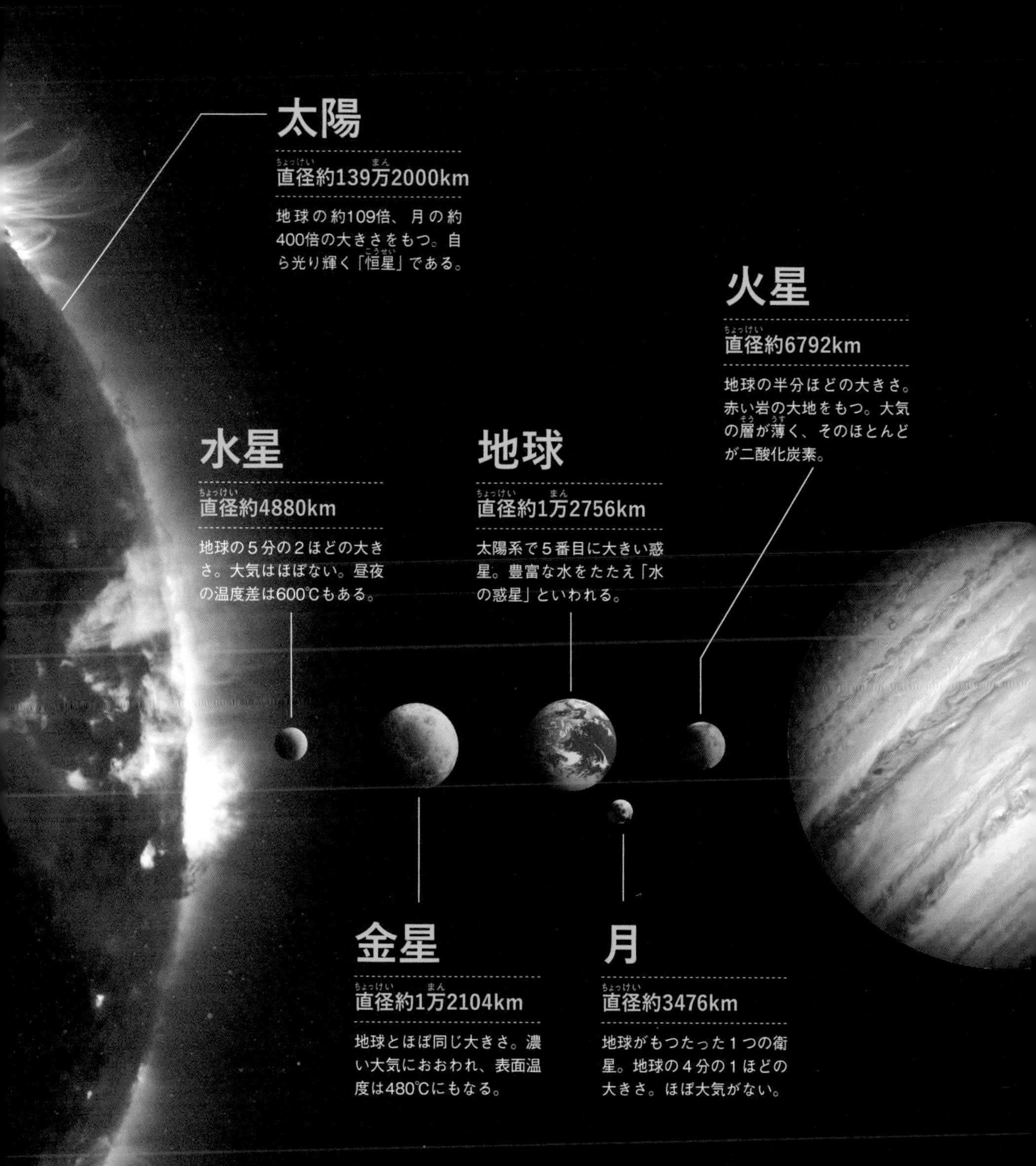

太陽

直径《ちょっけい》約139万《まん》2000km

地球の約109倍、月の約400倍の大きさをもつ。自ら光り輝く「恒星《こうせい》」である。

火星

直径《ちょっけい》約6792km

地球の半分ほどの大きさ。赤い岩の大地をもつ。大気の層《そう》が薄《うす》く、そのほとんどが二酸化炭素。

水星

直径《ちょっけい》約4880km

地球の５分の２ほどの大きさ。大気はほぼない。昼夜の温度差は600℃もある。

地球

直径《ちょっけい》約1万《まん》2756km

太陽系で５番目に大きい惑星。豊富な水をたたえ「水の惑星」といわれる。

金星

直径《ちょっけい》約1万《まん》2104km

地球とほぼ同じ大きさ。濃い大気におおわれ、表面温度は480℃にもなる。

月

直径《ちょっけい》約3476km

地球がもつたった１つの衛星。地球の４分の１ほどの大きさ。ほぼ大気がない。

惑星《わくせい》はなぜ丸い？

星は、宇宙空間にただようガスやちりが集まってできる。はじめはいびつな形をしているが、星が大きくなればなるほど引力が強くはたらくので、出っ張りやくぼみがならされ、丸くなっていく。小惑星など小さな天体は、引力が弱いため、丸くなりにくい。

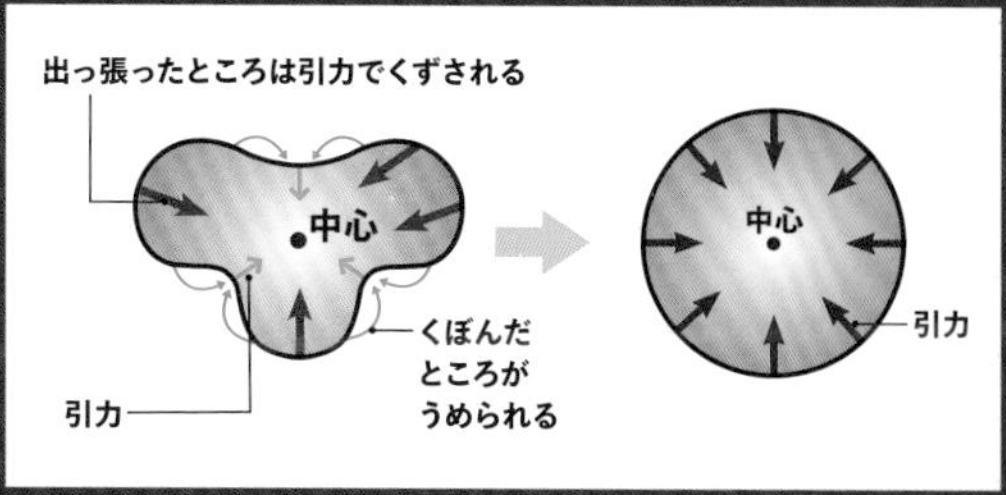

恒星《こうせい》の大きさくらべ

太陽のように自ら光り輝《かがや》く星を「恒星」という。広大な宇宙に存在する無数の恒星のなかには、太陽よりもずっと大きなものもある。恒星の大きさをくらべてみよう。

※数値は諸説あり。

アンタレス

直径《ちょっけい》約9億《おく》7440万《まん》km

さそり座の心臓部で光り輝く恒星。太陽系の火星の軌道よりも大きい。

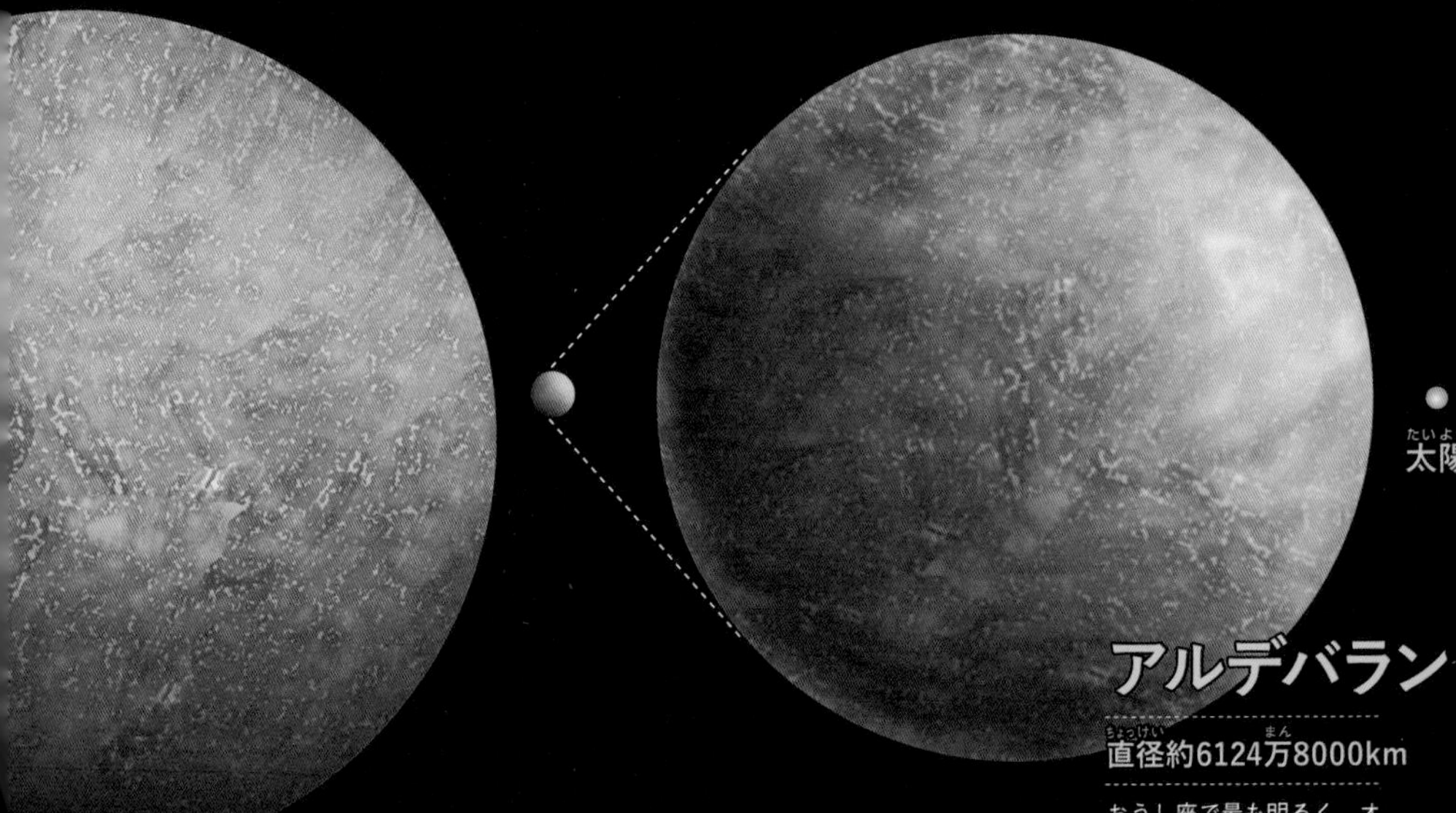

アルデバラン

直径《ちょっけい》約6124万《まん》8000km

おうし座で最も明るく、オレンジ色に輝く恒星。太陽の40倍ほどの大きさ。

もしも地球が直径1cmの球だったら

太陽からの距離は？

地球の直径は１万2756km。これを直径１cmの球として計算すると、太陽から地球までの距離は117m。太陽系の一番外を回っている海王星まではなんと3531mにもなる。

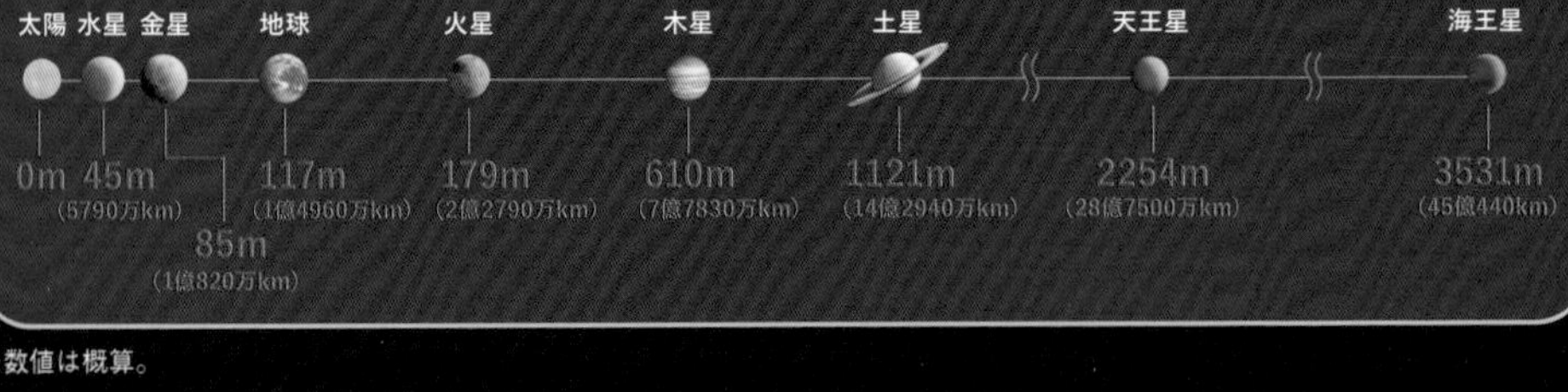

※数値は概算。

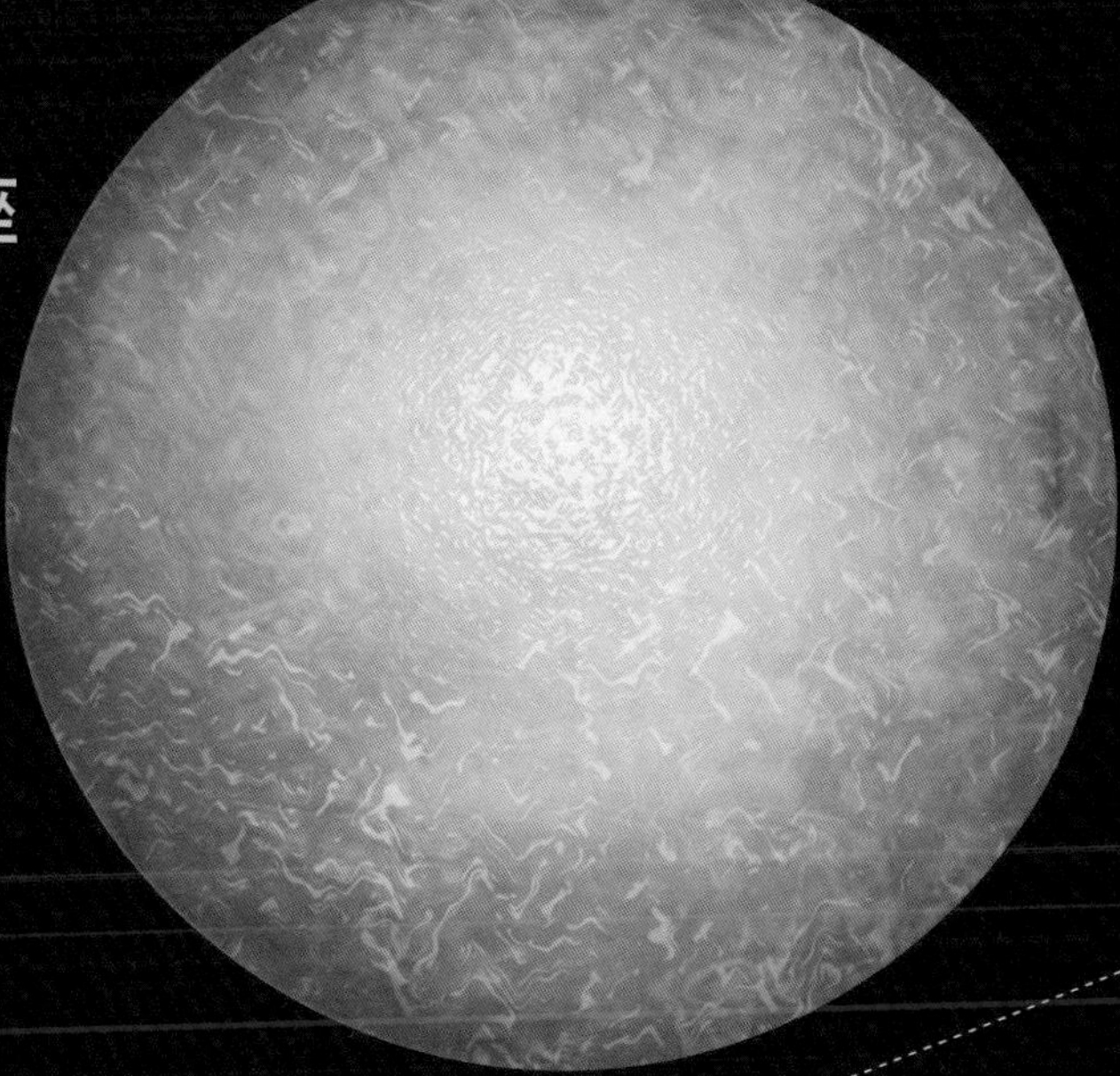

ケフェウス座《ざ》VV星《せい》

直径《ちょっけい》約15億《おく》km

ケファウス座の方角にある恒星。太陽の1050倍以上の大きさと推定されている。

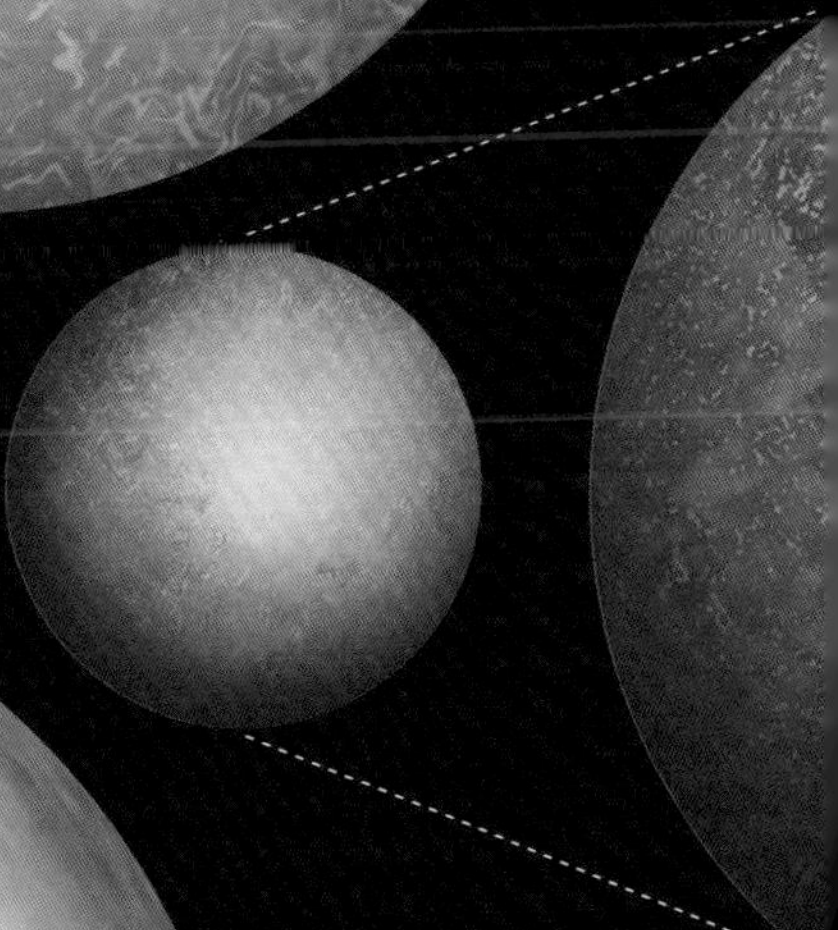

おおいぬ座《ざ》VY星《せい》

直径《ちょっけい》約20億《おく》km

おおいぬ座にある赤色の恒星。太陽の1420倍の大きさと推定されている。

太陽のひみつ

太陽は、地球にふりそそぐ光と熱の源である。巨大なガスのかたまりである太陽は、どのようにしてその熱や光のもとなる膨《ぼう》大《だい》なエネルギーを生み出しているのか? その内部はどのような構造になっているのか?

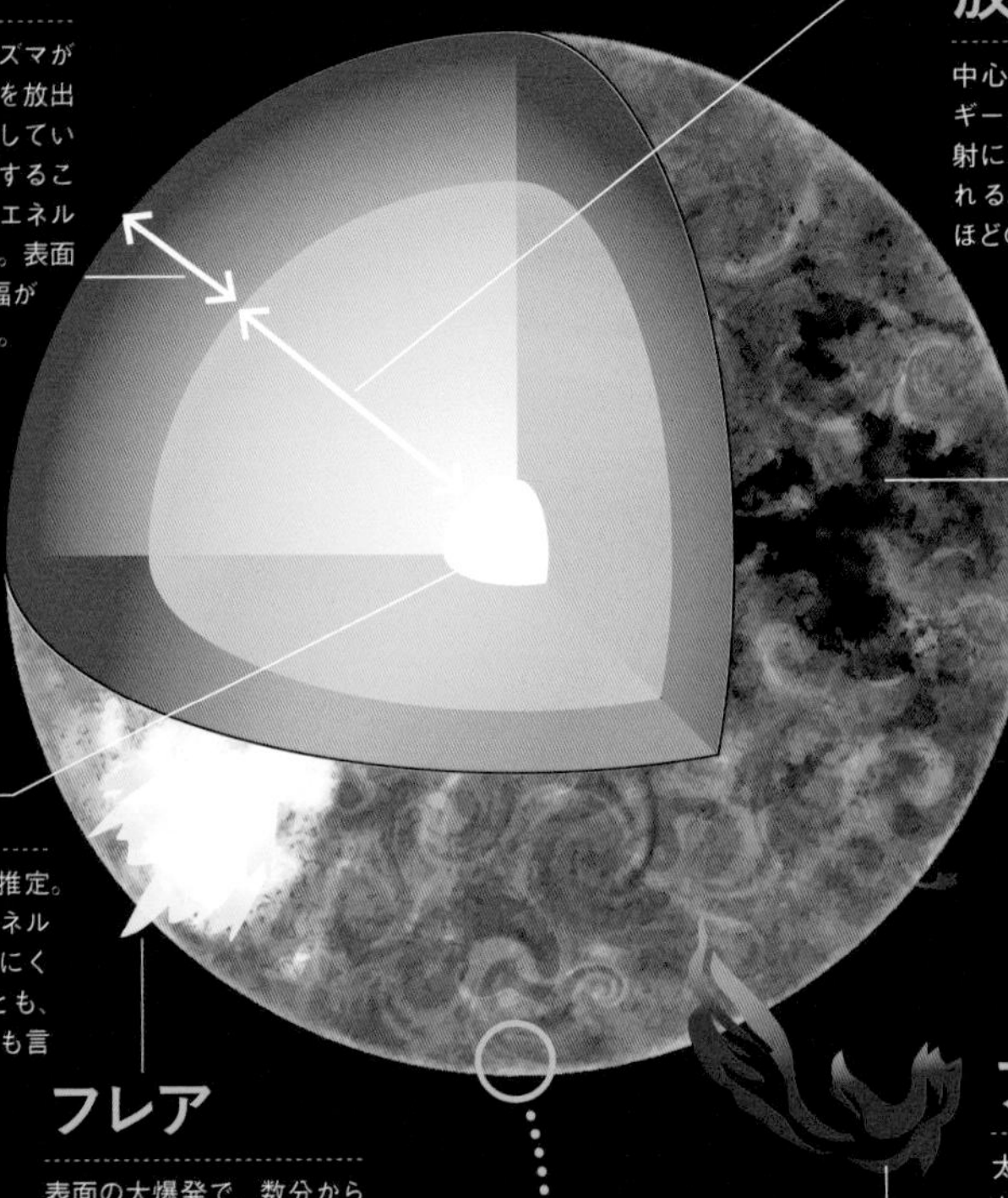

対流層《たいりゅうそう》

高エネルギーのプラズマが上昇し、エネルギーを放出したプラズマが下降している。このように対流することで内部から表面にエネルギーが運ばれている。表面から20万kmほどの幅があるとみられている。

放射層

中心核で発生したエネルギーが伝わる中間の層。放射によりエネルギーが運ばれる。中心核から40万kmほどの幅があるとみられる。

黒点

温度が周りよりも少し低いために黒く見える。地球がすっぽり入るほどの大きさの黒点もある。

中心核

温度は約1500万℃と推定。水素の核融合《かくゆうごう》反応でエネルギーが発生する。表面にくるまで17万年かかるとも、100万年以上かかるとも言われている。

フレア

表面の大爆発で、数分から数時間で莫大《ばくだい》なエネルギーが放出される。地球にもオーロラ嵐などの影響がある。

プロミネンス

太陽表面にガスが高く持ち上がり、アーチ状になったもの。日本語では「紅炎《こうえん》」とよばれている。

太陽はなぜ光るの?

太陽は、そのほとんどが水素とヘリウムからできている。太陽はとても大きいために、引力も巨大になり、特に中心核には非常に強い引力がはたらく。その強力な引力によって水素の原子核がぶつかりあい、ヘリウム原子核ができる。これが核融合反応だ。このとき膨大なエネルギーが発生するので、太陽は光って見える。

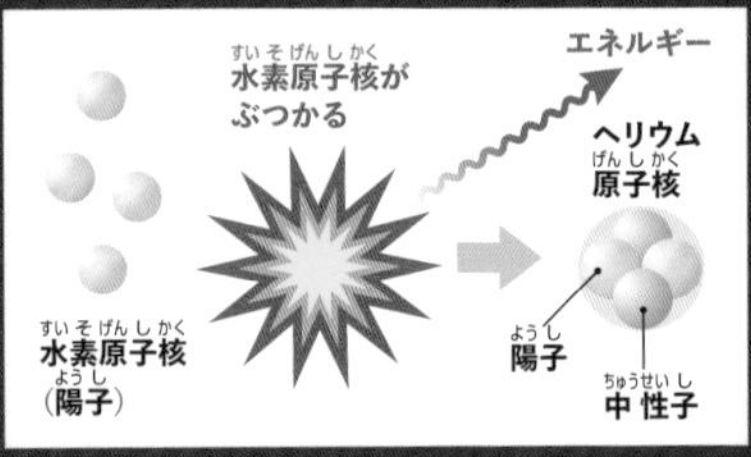

地球《ちきゅう》のひみつ

私たちが住む地球の内部は、どのような構造になっているのか？　地球の中心まで穴《あな》を掘《ほ》って調べることはできないが、地震《じしん》のゆれ方を調べる方法などを活用して、少しずつわかってきた。

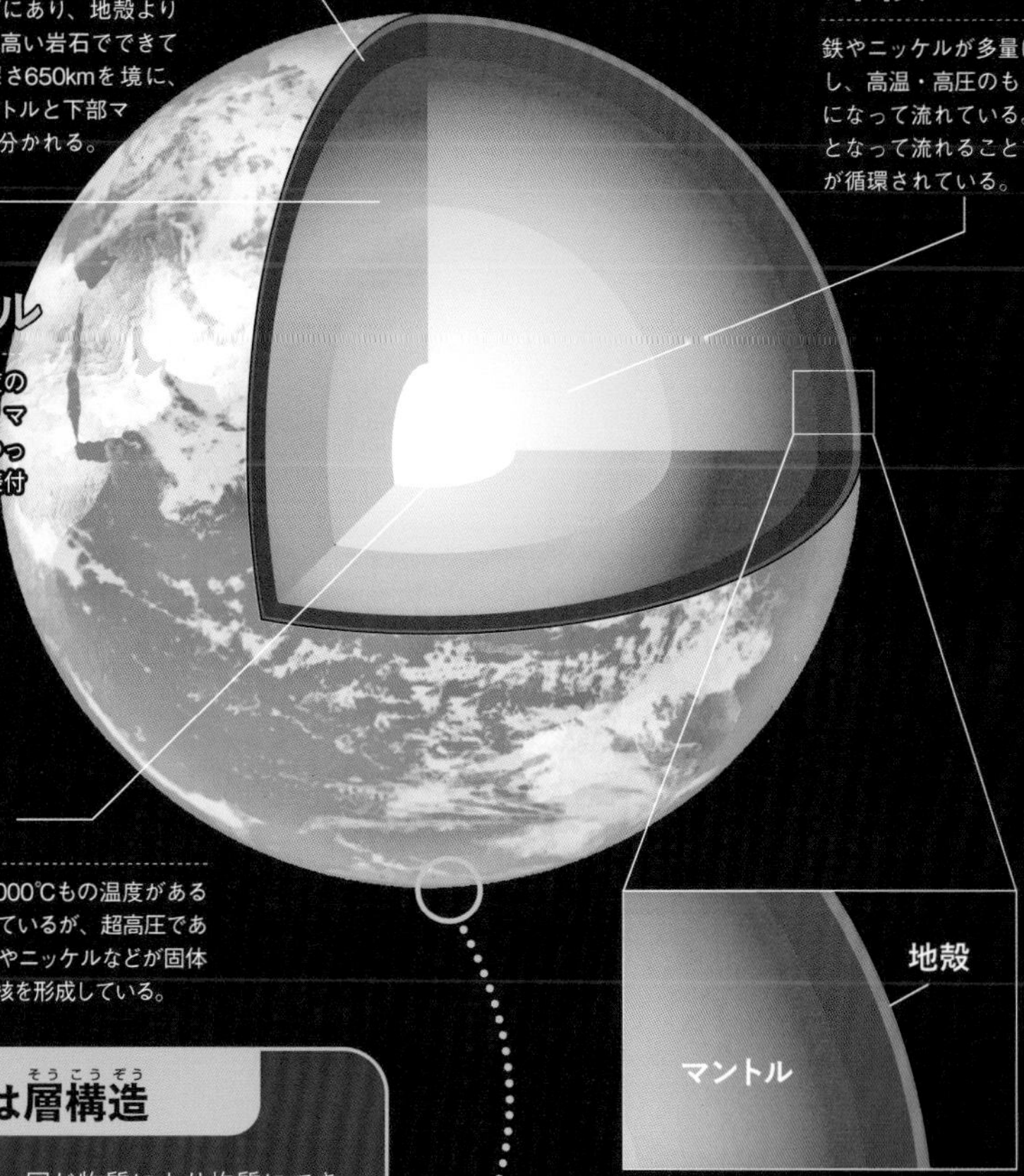

上部マントル

地殻の下にあり、地殻よりも密度の高い岩石でできている。深さ650kmを境に、上部マントルと下部マントルに分かれる。

外核

鉄やニッケルが多量に存在し、高温・高圧のもと液体になって流れている。液体となって流れることで、熱が循環されている。

下部マントル

上部マントルよりも密度の高い岩石でできている。マントルは時間をかけてゆっくり動き、核の熱を地表付近に運ぶ。

内核《ないかく》

5000～6000℃もの温度があると推定されているが、超高圧であるため、鉄やニッケルなどが固体となって内核を形成している。

地殻《ちかく》

地球の表面をおおう密度の低い岩石からできた層。地球を卵に見たてると、ちょうど卵の殻《から》の部分にあたる。

地球は層構造《そうこうぞう》

地球の内部は、同じ物質により均質にできているわけではない。鉄やニッケルでできた核、岩石でできたマントル、密度の低い岩石でできた地殻など、密度や硬さなどが異なる、種類の違う物質でできたいくつかの層に分かれており、それらが重なるようにしてできている。また、各層では流動性も異なる。

月のひみつ

地球の人々にとって最も身近な天体である月。古代より、月の満ち欠けを観測して暦《こよみ》を作ったり、物語の題材になったりもした。20世紀になり、人類は月面に到達《とうたつ》したが、まだまだ謎が多い。

月の表面

「月レゴリス」とよばれる細かい砂でおおわれている。大きな隕石《いんせき》が落ちたところにはクレーターがある。

自転・公転

月は地球の周りを約27日で公転する。その公転とほぼ同じ周期で自転するため、地球からは同じ面しか見えない。

月の温度

赤道付近では、昼は110℃、夜は−170℃になる。月には大気がほとんどないため、昼夜の寒暖差が激しい。

地球との距離

約38万km
（赤道10周分）

月はどうやってできた？

地球や火星などの太陽系の惑星は、およそ46億年前にできたとされる。これらの惑星は、微惑星とよばれる小さな星同士がぶつかってできたと考えられている。では、地球の衛星である月はどのようにできたのか？　月は地球と同じころに誕《たん》生《じょう》したことはわかっているが、そのプロセスには主に４つの説がある。

●親子分裂《ぶんれつ》説

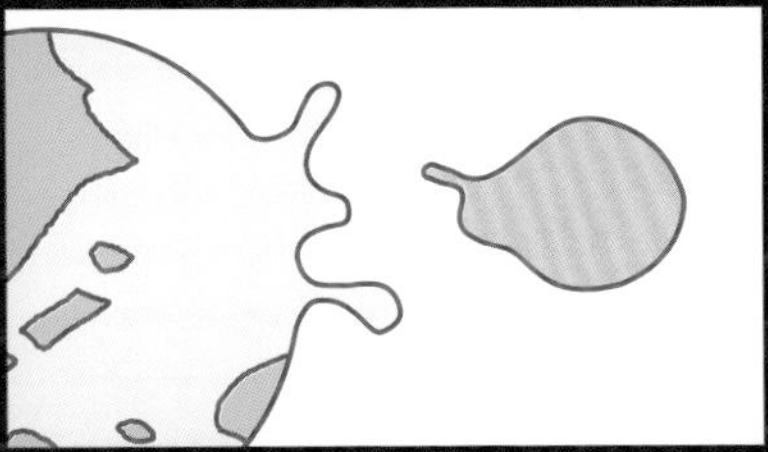

地球と月はもともと１つの天体だったが、自転速度が速くなるにつれ、地球の一部が遠心力でちぎれて飛び出して月になったという説。

●捕獲《ほかく》説

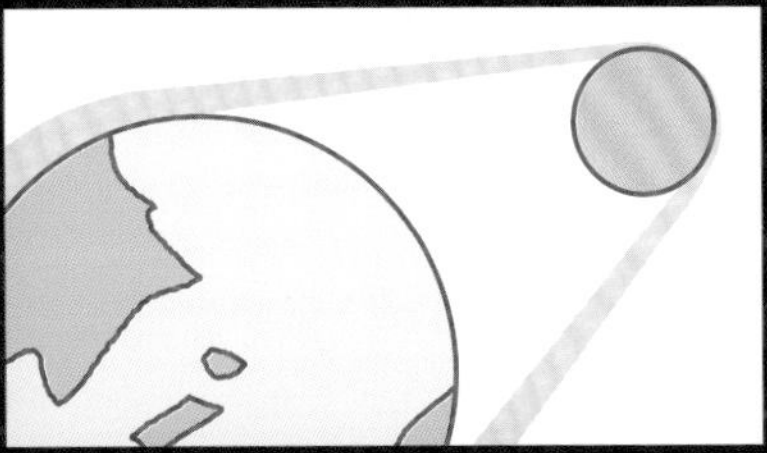

月は太陽系のまったく違うところで生まれ、地球に近づいたときに、地球の重力にとらえられた。この説によるならば月と地球の地質が似ている必要はない。

●双子《ふたご》説

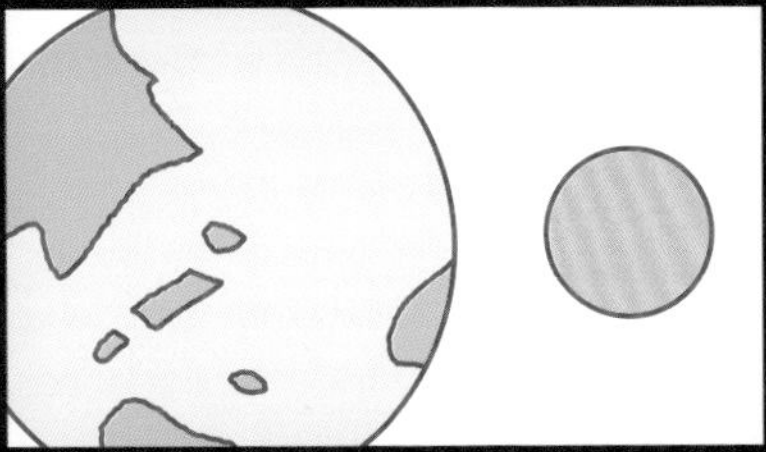

太陽系ができたときに、地球と月はすぐそばで双子のようにいっしょに生まれた。地球のほうが大きくなったため、小さい月が地球の周りを回るようになった。

●巨大衝突《しょうとつ》説

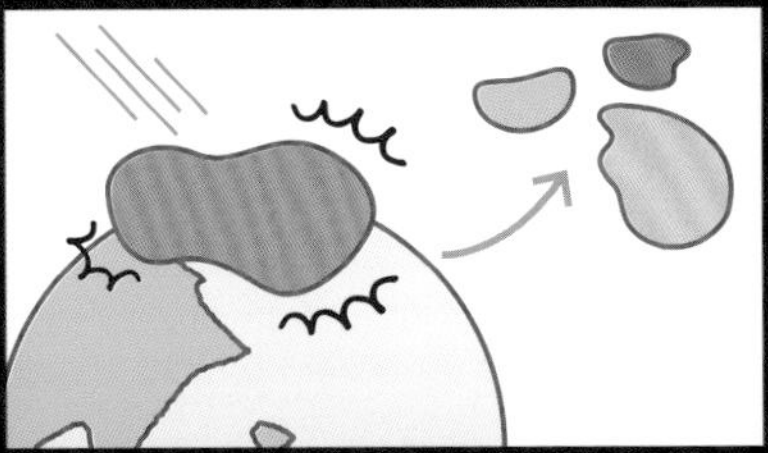

地球に火星ほどの天体がぶつかった衝撃《しょうげき》で、宇宙空間にちらばった地球のかけらが集まり、月になった。最も有力な説とされるが、巨大衝突の跡《あと》は見つかっていない。

満潮《まんちょう》は月の引力のせい！？

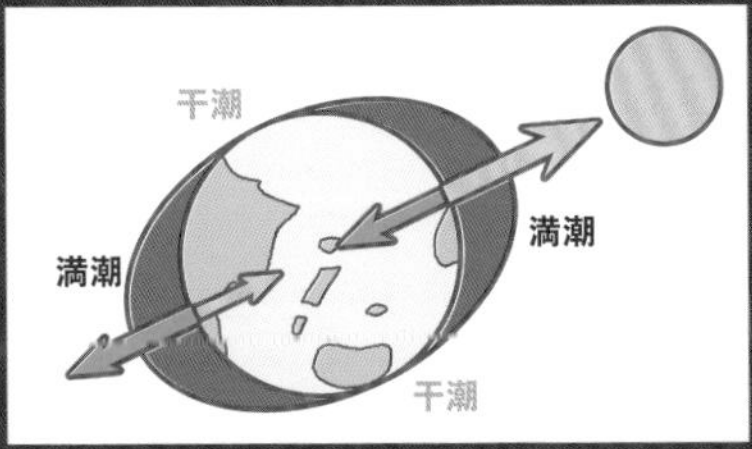

潮の満ち引きには、月の引力が関係している。月に向いた面の海水は月の引力に引き寄せられ満潮になる。反対側の海も、地球と月の共通重心に由来する遠心力など複雑な要因が組み合わさり、満潮になる。地球の両側の海が満潮になると、その間の海は海水が減るため干潮《かんちょう》になる。太陽の引力も影響しており、月による満潮と太陽による満潮が重なると大潮《おおしお》となる。

銀《ぎん》河《が》系《けい》のひみつ

私たちの住む太陽系のまわりには、たくさんの星が輝《かがや》いている。こうした無数の星の集まりを「銀河系」とよぶ。銀河系は横から見ると円盤《えんばん》状《じょう》をしていて、上から見ると渦《うず》を巻《ま》いている。

※数値は諸説あり。

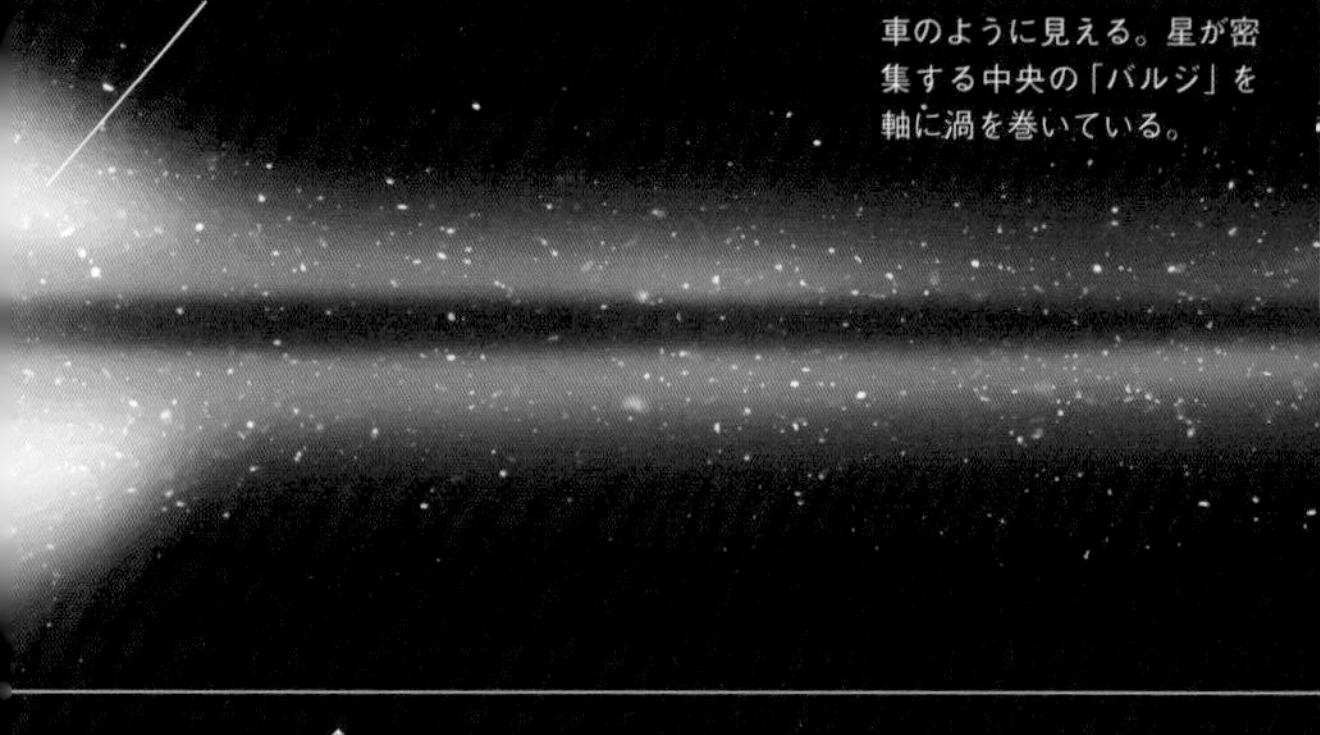

● 上から見た銀河系

上から見ると、回転する風車のように見える。星が密集する中央の「バルジ」を軸に渦を巻いている。

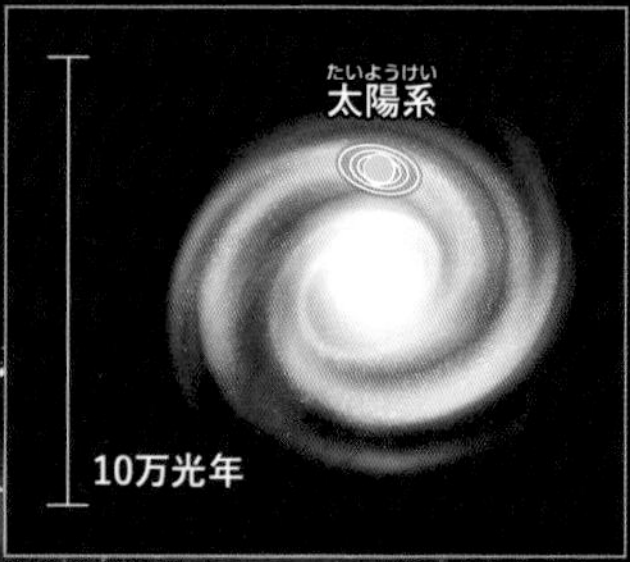

約250万光年

● アンドロメダ銀河

銀河系は銀河の1つ

恒星の集まりを「銀河」という。銀河は宇宙に数千億以上あるといわれ、銀河系も銀河の１つ。肉眼で見える最も大きな銀河はアンドロメダ銀河で、地球から最も近くにある銀河の１つだ。いずれは天の川銀河と衝突《しょうとつ》して融合《ゆうごう》し、さらに大きな銀河になるといわれる。

天の川銀河

銀河系の中心にはたくさんの星が密集し、ふくらんでいる。夜、地球からこの方向を見ると、白い光の帯となって輝いている。これが「天の川」だ。そのため、我々がいるこの銀河系のことを「天の川銀河」とも呼ぶ。

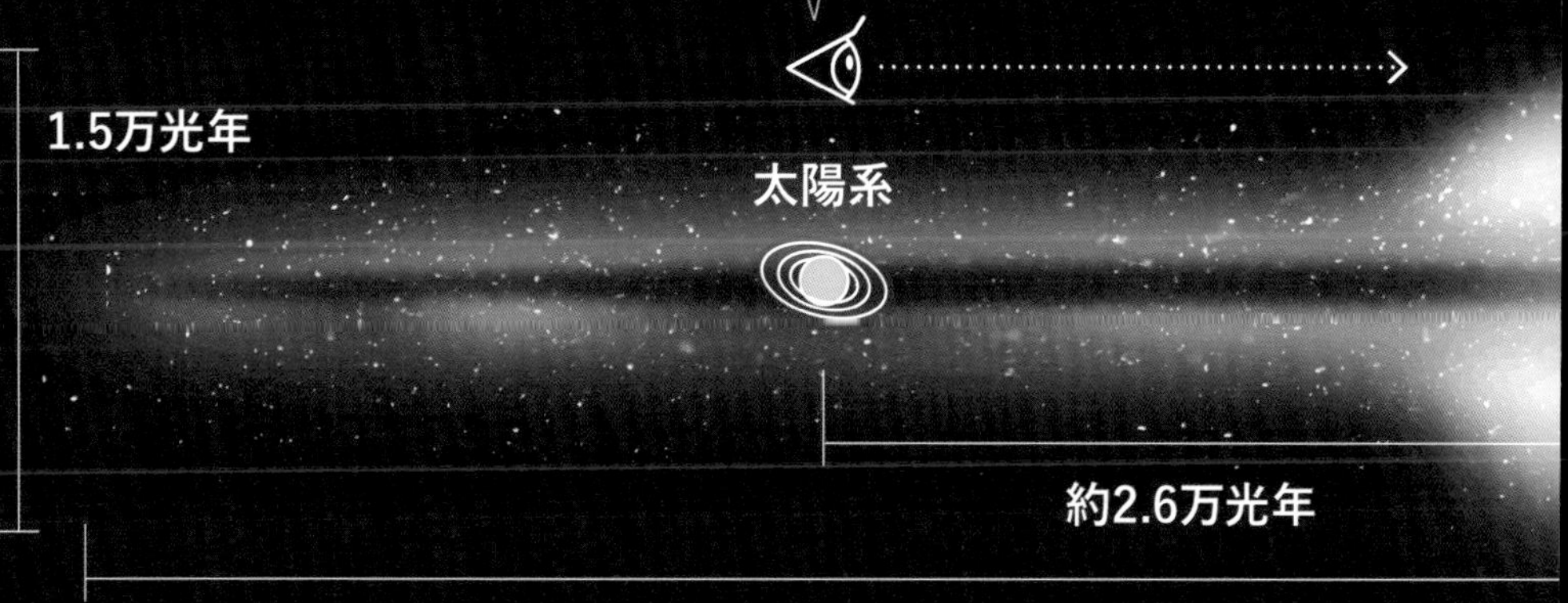

1光年は何km？

宇宙の距離を表すには、さまざまな単位がある。天文単位（AU）は、地球から太陽までの平均距離を1としたもので、1AUは約1億4960万km。地球から太陽までの距離は年間を通して変わるため、平均距離を使っている。光年は光が1年間に進む距離で、1光年は約9兆4600億km。光年は主に太陽系の外の恒星や銀河までの距離を測定するときに使われる。これよりも長い距離単位がパーセク。1パーセクは約30兆8600億km（3.26光年）。ある恒星を地球と太陽から見たときの方向の差を年周視差といい、パーセクはこれが1秒角（1度の1/3600）になる距離である。例えば、2秒角だった場合は0.5パーセクとなり、0.2秒角だった場合は5パーセクとなる。

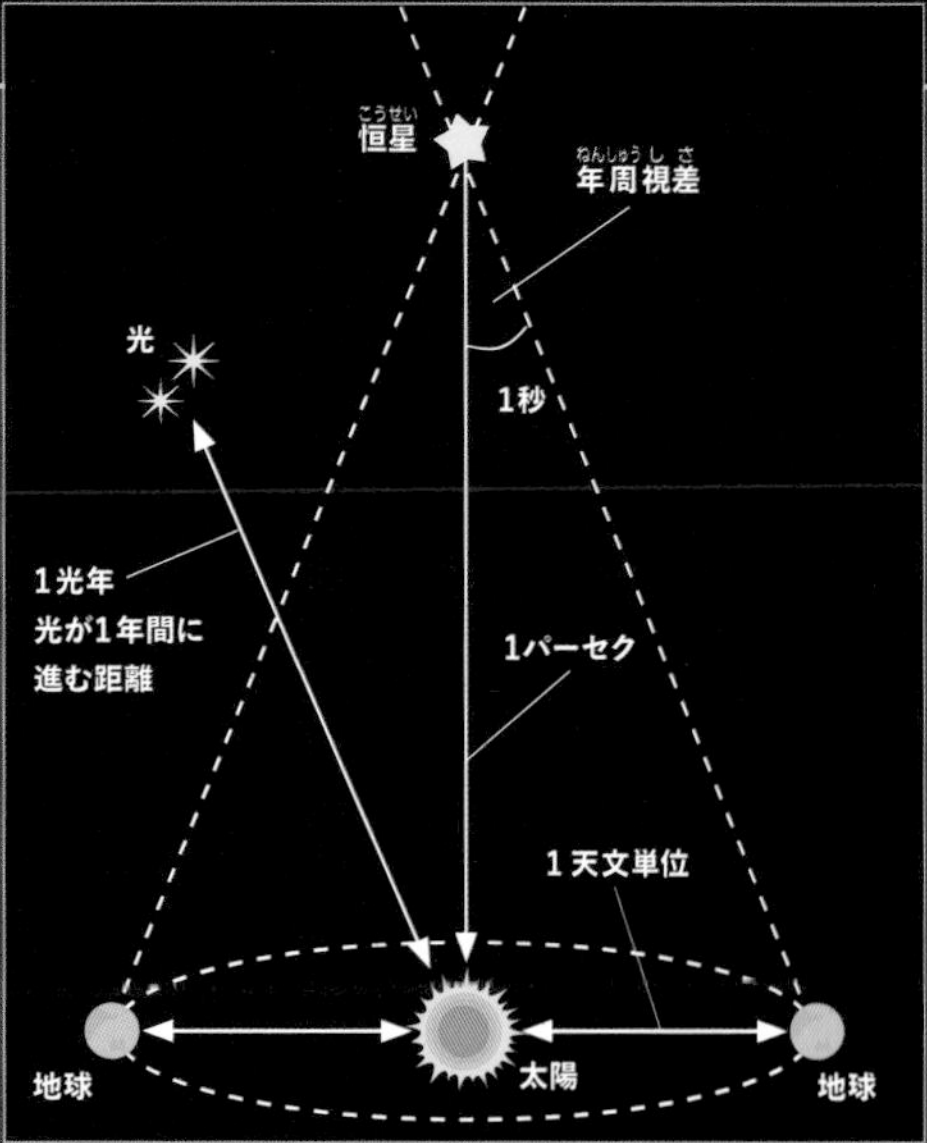

ハッブル宇宙望遠鏡の仕組み

天文学者ハッブルにちなんで名づけられた「ハッブル宇宙望遠鏡」は、人類史上はじめて宇宙空間での観測を可能にした巨大望遠鏡だ。これまで、宇宙の膨《ぼう》張《ちょう》速度を算出するための膨《ぼう》大《だい》なデータを収集するなど、多くの成果をもたらしている。

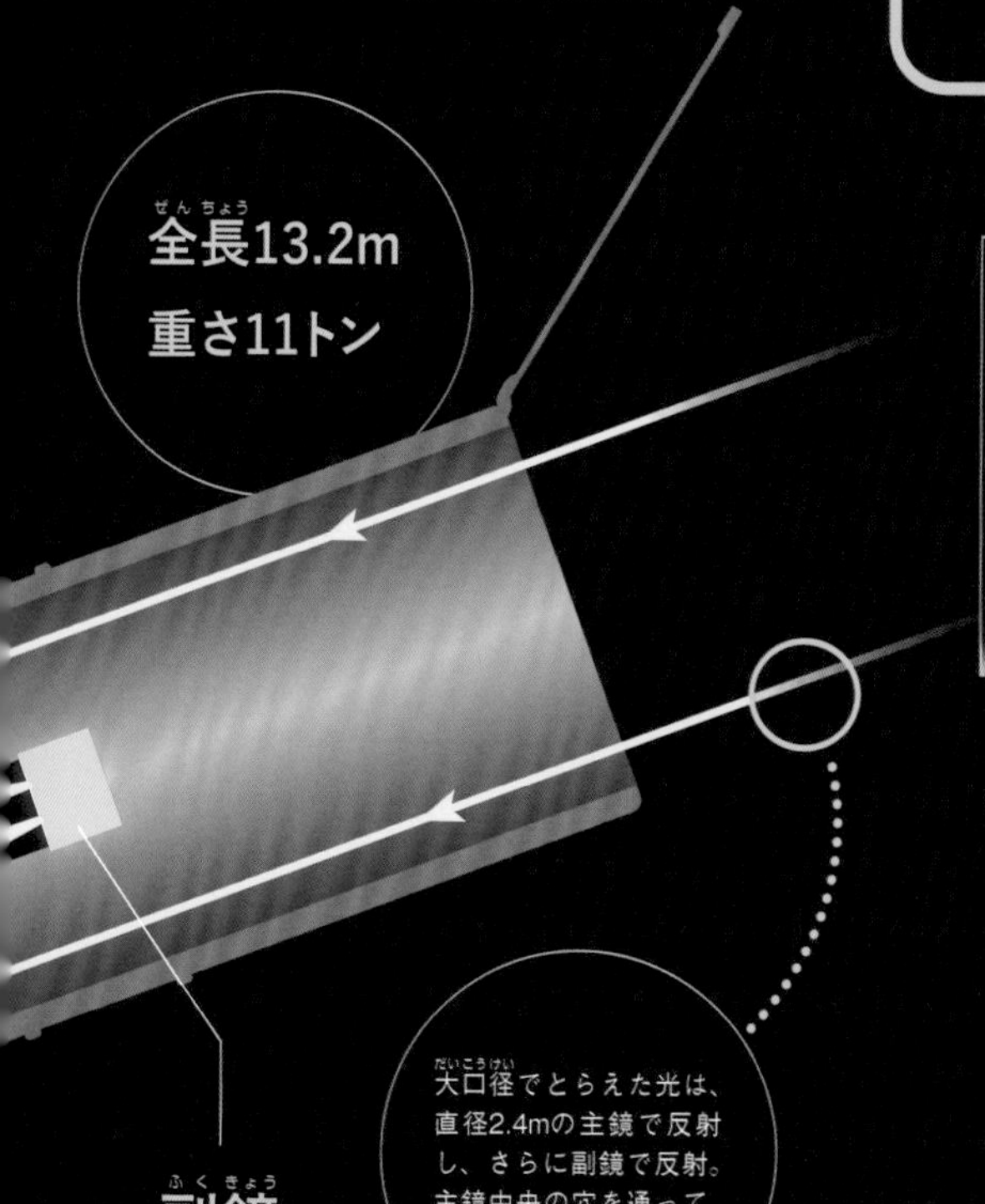
大口径《だいこうけい》でとらえた光は、直径2.4mの主鏡で反射し、さらに副鏡で反射。主鏡中央の穴を通って、観測装置にいたる。
副鏡《ふくきょう》

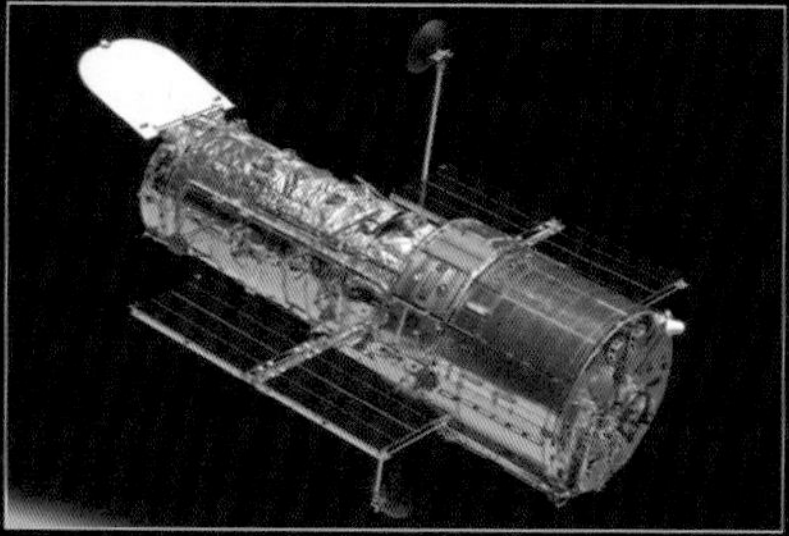

宇宙の天文台

ハッブル宇宙望遠鏡は、1990年にアメリカのスペースシャトル「ディスカバリー」によって打ち上げられ、地球を周回する軌道《きどう》に投入された。大気の影響を受けないので、高精度の天体観測ができる。

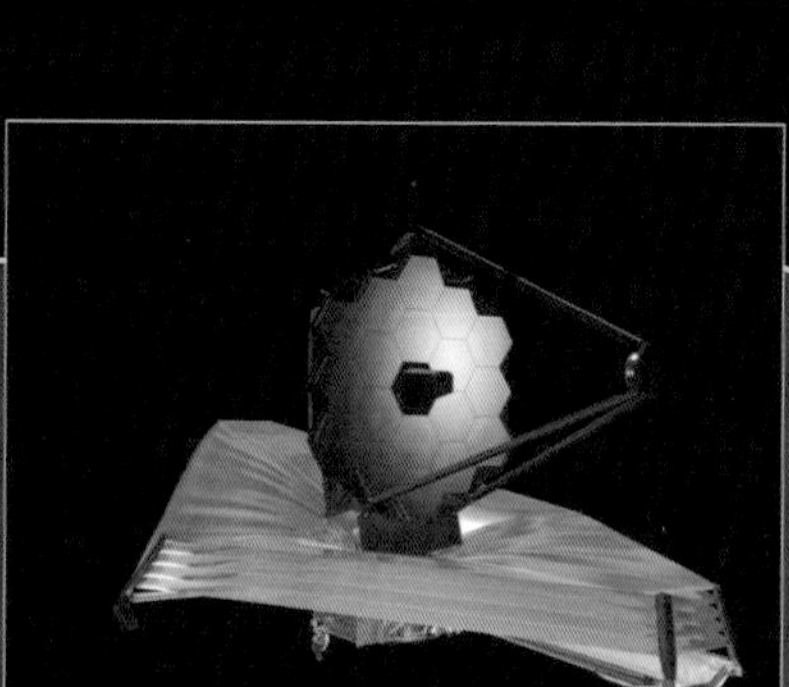

ウェッブ宇宙望遠鏡《うちゅうぼうえんきょう》

ウェッブ宇宙望遠鏡は、「史上最大の宇宙望遠鏡」といわれており、2021年12月に打ち上げられた。六角形の鏡を18枚組み合わせた主鏡の面積は、ハッブル宇宙望遠鏡の7倍以上。観測性能は格段《かくだん》に上がっている。宇宙最初の恒星といわれている「ファーストスター」の観測などが期待されている。

ハッブルがとらえた宇宙

わし星雲の「創造の柱」

「わし星雲」の中心にできた柱状のガスのかたまりの撮影に成功した。

NASA, ESA, and the Hubble Heritage Team (STScI/AURA)

おたまじゃくし銀河

おたまじゃくし銀河の前を小さな銀河が横切り、尾があらわれた。

Credit: Hubble Legacy Archive, ESA, NASA; Processing: Amal Biju

コーン星雲

円錐《えんすい》のコーンの形をしていることから「コーン星雲」とよばれる。

NASA, H. Ford (JHU), G. Illingworth (UCSC/LO), M. Clampin (STScI), G. Hartig (STScI), the ACS Science Team and ESA

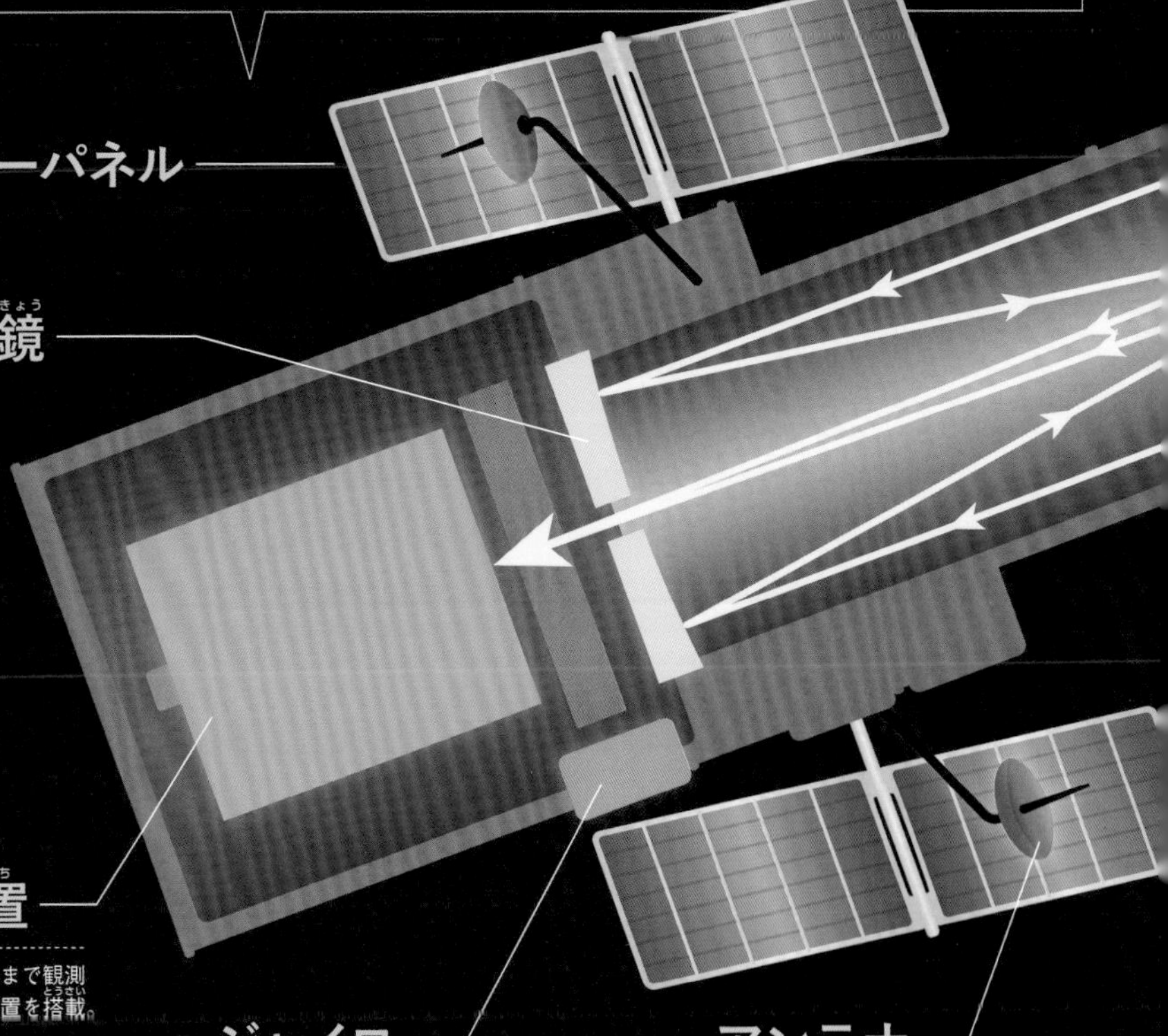

ソーラーパネル

主鏡《しゅきょう》

観測装置《かんそくそうち》

紫外線《しがいせん》から赤外線まで観測するさまざまな装置を搭載《とうさい》。

ジャイロ

ジャイロスコープを使って姿勢《しせい》を制御《せいぎょ》している。

アンテナ

４基のアンテナを使って、地上と交信している。

天体観測の歴史

古代から多くの人々が夜空を観察し、星の謎《なぞ》に挑《いど》んできた。17世紀に望遠鏡が登場してからは、肉眼では見えなかった天体の姿《すがた》がとらえられ、現在も次々と新たな発見がもたらされている。

前6世紀

地球は丸いと唱《とな》える

ピタゴラスは「大地は丸い」と言い、初めて地球球体説を唱えた。また、宇宙の中心には地球があり、周りを太陽や月が回転していると考えた。のちにアリストテレスが地球の周りを56個の同心球が回転する宇宙モデルを考えた。

前3世紀頃

地球と太陽の距離を算出

アリスタルコスは、月の大きさと地球からの距離、さらに太陽の大きさと地球からの距離の算出法を編み出した。太陽が地球よりもずっと大きいことを知った彼は、宇宙の中心にあるのは、地球ではなく太陽ではないかと考えた。

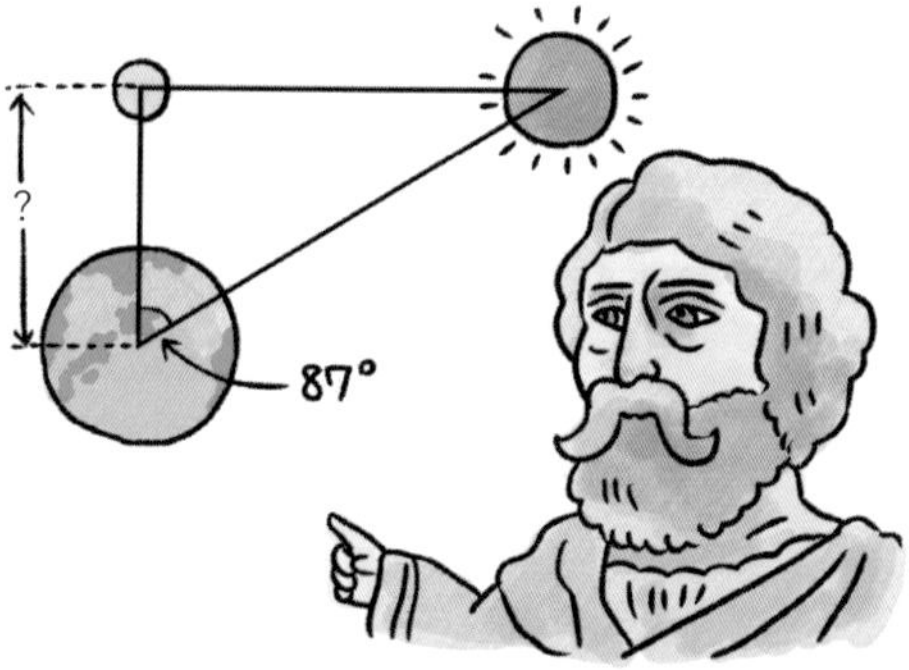

2世紀頃

天動説の議論が進む

アリストテレスの宇宙モデルでは、惑星の逆行（火星などが逆向きに進むように見えること）を説明できなかった。プトレマイオスは、惑星が小さな円を描きながら大きな円を描く周転円の考え方を導入し、惑星の逆行を説明した。

流星と彗星《すいせい》の違いは？

彗星は、太陽の周りを回っている小型の天体。流星は、宇宙空間をただようちりが地球の引力に引っ張られ、大気と激しく衝突《しょうとつ》し、燃えて発光する現象である。じつは彗星と流星は無関係ではない。彗星の軌道上には大量のちりがただよう。そのちりの帯があるところに地球が突入すると、大気と接触《せっしょく》して発光が起きる。それが、「○○座流星群」などとよばれるのだ。

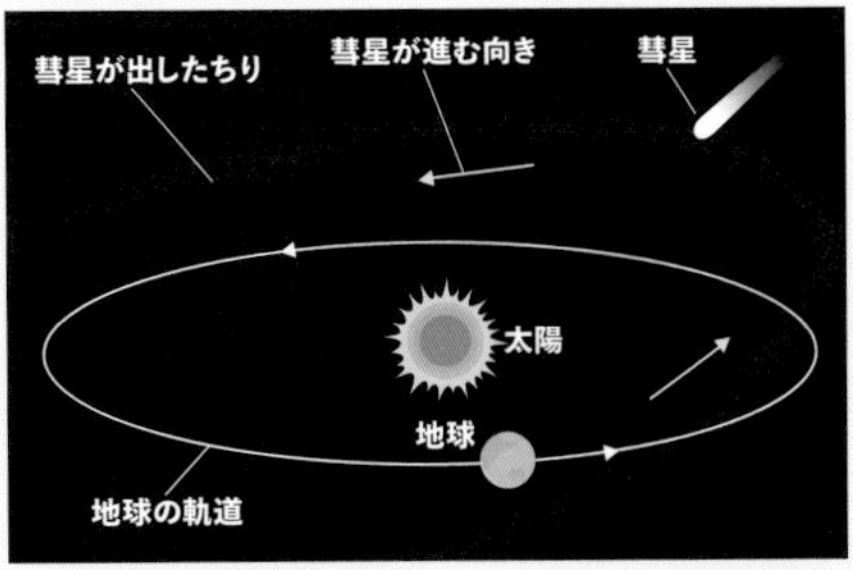

16世紀前半

地動説を唱える

コペルニクスは、それまで信じられていたプトレマイオスの周転円を取り入れた宇宙モデルに疑問をいだき、アリスタルコスの地動説が本当の宇宙の姿《すがた》ではないかと考えた。太陽中心の宇宙像を描いた論文「天球の回転について」を完成させた。

1687年

万有引力の法則を唱える

宇宙では天体が円運動を行い、地上では物体が落下運動を行う。それまで、宇宙と地上では別々の法則があると考えられていた。しかしニュートンは、星を含《ふく》むあらゆる物体の運動は万有引力によって説明できると主張した。

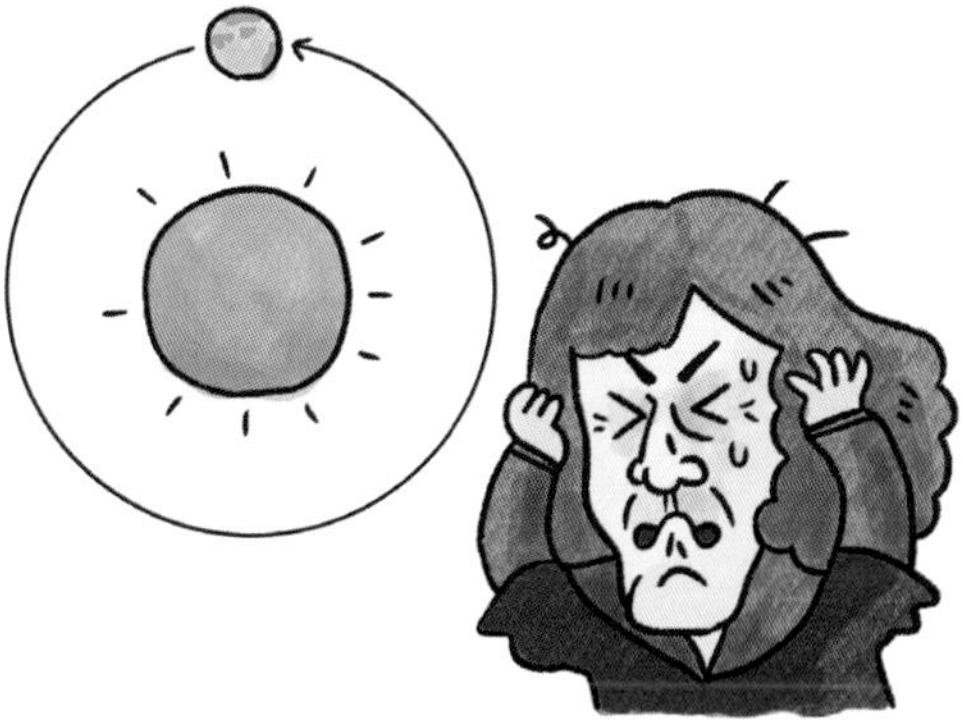

1608年

望遠鏡で観測する

望遠鏡の登場により、天体観測の技術が大きく進歩した。ガリレオは、自身で製作したガリレオ式望遠鏡を使って、木星の周りを4つの衛星が回っていることを発見した。これにより、地球の周りを天体が回転するという天動説を否定し、地動説を信じるようになった。

1758年

予言通り ハレー彗星《すいせい》が出現

ハレーは、彗星が周期的に地球に接近することを突き止め、1682年に現れた彗星が1758年に再出現すると予言した。予言は的中し、その彗星は「ハレー彗星」と名づけられた。

1781年

天王星《てんのうせい》を発見

ハーシェルは、自作した反射望遠鏡によって新たな惑星・天王星を発見した。1843年頃には、ルヴェリエとアダムズが天王星の外側にもう１つの惑星・海王星が存在することを予見し、1846年にヨハン・ガレによって観測された。

1924年

銀河系《ぎんがけい》の外の銀河を発見

ハッブルは、アンドロメダ星雲までの距離を約90万光年と測定。銀河系の大きさは約10万光年なので、アンドロメダ星雲は銀河系の外にある別の銀河であるとわかった。
※アンドロメダ星雲（現在の正式名称：アンドロメダ銀河）までの距離は、現在約 250 万光年と見積もられている。

1930年

冥王星《めいおうせい》を発見

1930年、トンボーが新たな惑星・冥王星を発見。しかし、予想よりも小さく、とても暗かった。のちに冥王星と似《に》た天体が多数見つかったことから、惑星の定義が明確に定められ、2006年に準惑星に分類された。

2019年

ブラックホールを撮影

日本やアメリカを含《ふく》む国際研究チームが、ブラックホールの撮影に成功。アインシュタインの一般相対性理論で存在が予想されていたブラックホールの姿《すがた》がついに明らかとなった。

科学の先駆者たち

3

星の謎に挑んだ人々

Gakken

目次

科学の先駆者たち ❸星の謎に挑んだ人々

［執筆］
・全話：沢辺有司

科学監修 ——— 小野田淳人

表紙イラスト ——— ふすい
巻頭記事イラスト — 蟹めんま、小林哲也
表紙デザイン ——— arcoinc
巻頭記事デザイン — 内田睦美
編集 ——— 原郷真里子
編集協力 ——— 株式会社ライブ(竹之内大輔、畠山欣文)、沢辺有司、
岩崎美穂、相原彩乃、飯塚梨奈、黒澤鮎見、館野千加子、
宿里理恵
DTP ——— 株式会社四国写研

[内容に関する注意・補足]

◆エピソード・セリフ・描写について
・本書で描かれたエピソードには、諸説ある場合があります。
・また、それらの中の登場人物のセリフなどは、実際に発言したものや、その口調などを再現したものではありません。
その人物の性格やエピソードをわかりやすくするために、 脚色して描かれています。
・複数のエピソードを一つにまとめたり、物語の流れや人物の特徴を分かりやすくするために脚色したりしている場合があります。
・科学的な事象や実験・研究の詳細等については、物語を分かりやすくするために、一部を省いたり、簡単に言い換えたりしている場合があります。
・物語に登場する手紙や著書の文章は、原文をそのまま訳したものではなく、一部を省略したり平易な言葉に言い換えたりしている場合があります。

◆名前・地名について
・人物の名前が複数ある場合、一般的によく知られている名前を採用し、必要に応じてその他の名前を補足しています。(その人物の人生の中で、
まだその名で呼ばれていなかった場合や、関係性の中での呼称なども、読者の混乱を避けるため、
「一般的によく知られた名前や呼び名」で表記している場合があります)
・人物の名前は、教科書などで採用されている表記を採用している場合が多数ですが、その原則にのっとらない人物名表記もあります。
・地名の表記については、一般的によく知られているものを採用し、必要に応じてその他の名前を補足しています。

◆生没年・年月日・年齢について
・人物の生没年については、諸説ある場合がありますが、一般的によく知られているものを採用しています。
・年号は西暦で表しています。月日については、明治5(1872)年12月の改暦よりも前の日本国内におけるできごとについては「旧暦」の月日を用い、
それ以降は「新暦」の月日で表します。
・明治5(1872)年12月の改暦よりも前に生まれた日本人の年齢については、「数え年」で表しています。一方、改暦以降に生まれた人物については、
生没年月日がわかる範囲で、没年を「満年齢」で表しています。また、没年以外の年齢については、
年表をより簡略化するために、その年の誕生日を迎えたあとの「満年齢」で表しています。

◆旧国名・旧地名・藩などの地域について
・旧国名・旧地名・藩などの示す地域については、必要に応じて( )内や欄外に、今の地名や地域を補足しています。
ただしその範囲は、必ずしも完全に一致するとは限りません。

◆その他
・その他、内容の理解を助けるのに必要な事項を、( )内等に適宜補足しました。
・用字や用語の表記は、発話者の年齢や感情で使い分けている場合があり、また、執筆者の意図をくみ、統一していない箇所があります。

プロローグ
神話に別れを告げて

アリストテレスほか、古代の学者たち

「プラトン先生！　先生は、イデアの世界こそ本当の現実だとおっしゃいます。しかし、私たちがいる日常世界こそ、現実の世界ではないでしょうか？」

若き哲学者《てつがくしゃ》・アリストテレスが、師《し》のプラトンに言った。

「うむ。それは、どういうことかね？　私のイデア論が間違っていると？」

プラトンは立派にたくわえた髭《ひげ》をなでながら、じろっと見やった。

「いえ、そんなつもりは……」

ここ、アテネのアカデメイアでは、日々、熱い議論が繰《く》り広《ひろ》げられていた。教師や学生が入り交じり、この世界はどのようにできているのか、何がこの世界の真実なのかを議論していた。

アカデメイアは、哲学者を養成する教育機関として、プラトンが紀元前387年に設立した学園である。当時、学園のなかでも目立っていたのが、ギリシャ北部のマケドニアからやってきた17歳の青年、アリストテレスだった。彼はとびぬけた知性をもっていた。

入学してすぐに頭角をあらわしたアリストテレスは、やがて教師に抜擢《ばってき》された。彼はたとえプラトン相手でも、自分の意見をはっきりと述べる性格だった。アリストテレスがプラトンに議論を挑《いど》む姿《すがた》は、学園ではおなじみの光景となった。

「……先生のイデア論を否定《ひてい》したいわけではありません。私は、先生を心から尊敬《そんけい》しております。でも、私なりに真理を追究した結果、あの考えにたどり着いたのです」

「もちろんだよ。それでいいんだ。私の師であるソクラテスは、死の直前にこう言った。『もっとも親しくするべきなのは、真理だ。私のことは気にしないで、真理を大切にしなさい』とね。だから、一番大切なのは、真理を追究することだ。私の教えが絶対ではない。間違っていると思うなら、間違っていると言いなさい。それこそが知的な義務だ」

プラトンはそう言って、表情をゆるめた。

これでアリストテレスの心は吹《ふ》っ切《き》れた。実は、プラトンに意見を述べながらも、心の中では「先生の教えに異《い》を唱《とな》えてもいいものだろうか……」と悩《なや》んでいたのだ。だが、プラトン自身から「真理を追究せよ」と言われたことで、ためらわず、そこにある矛盾《むじゅん》を正面から議論しようと思った。

「先生のイデア論は、こうです。私たちは『三角形』『リンゴ』『赤い』などという理想のイメージをもっているから、現実の『三角形』『リンゴ』『赤』を認識《にんしき》できる。こうした理想のイメージが『イデア』です。私たちが現実と思っているこの世界は仮《かり》の姿《すがた》にすぎず、彼方《かなた》にある理想のイデアの世界こそ、本当の現実である。こう考えるわけですね」

「そうだ」

「しかし、私は思うのです。イデア界があることを、どうやって確認するのでしょう？　私は、あくまでも現実を観察して科学的に考えたいのです。人間が日々生きているこの世界が、仮の姿とは思えません。私たちは、現実の世界に生きています。私たちが活動している日常世界こそ、現実の世界であるはずです」

「……」

「私の考えでは、イデアは、それぞれのモノからはなれて彼方に存在するのではありません。モノの本質（エイドス）のようなものが、日常世界のそれぞれのモノの中に埋《う》め込《こ》まれているのではないでしょうか？」

「そうか、よくわかった。君の考え方も面白い。しかし私は、イデア界はあると思っておる」

「もっと詳《くわ》しく聞いてもいいですか？」

アリストテレスは、こうしてプラトンと議論を戦わせた。理想主義者のプラトンと現実主義者のアリストテレス。二人の考えは真っ向から対立し、相容《あいい》れないものだったが、それは真理を追究するための建設的な議論だった。

いずれにしてもアリストテレスは、プラトンから大きく影響《えいきょう》を受けた。アリストテレスの哲学的《てつがくてき》思想の多くは、プラトンの考えを発展させたり、再検討《さいけんとう》しながら築《きず》かれていったのだ。

アリストテレスの知的活動がおよぶ範囲《はんい》は、とても広かった。

彼は、倫理学《りんりがく》や文学、動物学、論理学、心理学、気象学、天文学、形而上学《けいじじょうがく》、政治学など、ありとあらゆる分野について研究した。そして、それぞれの分野で対象を事細かく分類し、体系的にまとめあげたのである。

そのなかでもアリストテレスが特に力を入れたのは、星の研究だった。

「昔の人々はどのように星空を眺《なが》め、宇宙をどのように見ていたのだろうか？」

アリストテレスは、文献《ぶんけん》を調べたり、学者たちの話を聞いて考えた。

「昔の人々は、あらゆる自然現象は神が創《つく》りだしたものと考えていた。天地や万物の創造も、あらゆる天変地異《てんぺんちい》の発生も、すべては神々の意思や行為《こうい》によるものだと考えていた。そうした神々の意思や行為をつづったものが神話だ。たとえば、古代エジプト神話では、世界のはじまりには原初の水でできた海だけがあり、その海のなかから宇宙を創る神が生まれ、天と地が創られたとしている。では、我々《われわれ》のギリシャ神話ではどうだろうか？」

古代ギリシャにも、多くの神々や英雄《えいゆう》がおりなす豊かな神話があった。それが「ギリシャ神話」である。

ギリシャ神話といえば、アテナイの王子テセウスがアリアドネという娘《むすめ》の助けを借りて、迷宮《めいきゅう》にすむ怪物《かいぶつ》を倒《たお》す「ミノタウロス退治」の話や、兵をひそませた木馬を敵《てき》の城内に送り込み、ギリシャ軍がトロイを滅《ほろ》ぼす「トロイの木馬」の話などが有名だ。

そして、ギリシャ神話にも、天地の創造をつづった「創世《そうせい》神話」がある。

「ギリシャ神話では、世界のはじめは混沌《こんとん》（カオス）であり、そこから大地の女神ガイアがあらわれ、天空の神ウラノスと交わり、神々が生まれる。かつてギリシャの人々は、こうした神話をもとに、この世界や宇宙を理解しようとしたんだ」

アリストテレスは、星座がきらめく夜空を見上げた。

「しかし、神話がこの世界や宇宙を正しく説明しているとは限らない。このギリシャで、神話との関わりをぬきにして、この世界や宇宙のしくみを考えようとする人々があらわれたのは、だからだろう」

その発端《ほったん》といわれるのが、タレスである。

「タレスは、世界のはじまりは『水』であると考えた。水は生命にとって欠かせないものであることから、すべてのものは水からつくられたと考えたのだろう。世界のはじまりにある根源的《こんげんてき》な何かを探し求めようとすることから、宇宙のはじまりを追究する試みが始まったんだ」

アリストテレスは、タレスの弟子についても調べた。

「タレスの弟子だったアナクシマンドロスは、宇宙のはじまりについて考えている。彼は宇宙の最初にあったのは混沌《こんとん》（カオス）だとしている。ギリシャ神話の最初で語られる混沌をイメージしたのだろうか？　混沌は、やがて冷たい霧《きり》とそれを取《と》り巻《ま》く炎《ほのお》にわかれ、霧の部分がかたまって大地になり、炎の部分が天となる。大地は円盤《えんばん》のような形をしていて、何かに支えられることなく宙に浮《う》いている。そして、天がその周りを囲《かこ》んでいる。大地は、天のどの部分からも等しい距離《きょり》にあるので、どちらの方向にも落ちずに浮いている……。アナクシマンドロスの考えた宇宙は神話のようでもあるけど、そこに神の存在はない。彼はあくまでも合理的に宇宙について説明しようとしたんだ」

さらに、アリストテレスの思索《しさく》が、有名な数学者ピタゴラスに及《およ》んだのは言うまでもない。

「アナクシマンドロスは大地の形は円盤《えんばん》だと考えたが、ピタゴラスは『丸い球の形』と考えた」

ピタゴラスは、「地球は球である」と唱《とな》えた最初の人物だった。

「なぜピタゴラスは、大地を『丸い球の形』だと考えたのだろうか？」

アリストテレスは、船乗りたちの話を思い出した。

「船乗りたちによると、陸地から遠ざかるとき、まず大地の低い部分が見えなくなって、山などの高い部分が最後まで見えるという。これが大地が球体であることを示す証拠《しょうこ》だ。でも、完全な球体ではなく、半円状と考えることもできるはずだ。なぜ、ピタゴラスは球形だと言い切ったのか？」

アリストテレスは、完全な球の形をした大地を思《おも》い浮《う》かべた。数学者ピタゴラスは、これをどう思っただろう。

「円や球というのは左右対称《さゆうたいしょう》になっていて、見た目が美しい。上下左右を入《い》れ替《か》えても、回転させても形が変わらない。ピタゴラスが大地を球体だと考えたのには、数学者ならではの理想があったのかもしれないな」

実際、ピタゴラスは何か根拠《こんきょ》があってその考えにいきついたわけではない。数学的な美しさに真実があると考えたようだ。そのピタゴラスの理想は、２０００年ほどあとに証明《しょうめい》されることになる。たとえば探検家マゼランの一行が世界周航《せかいしゅうこう》に成功するなどしたことで、地球が球体であることが確かめられたのである。

アリストテレスは、プラトンにも尋《たず》ねてみた。

「宇宙とはどのような場所でしょうか？」

「理想の場所だよ。宇宙は天上にあるイデア界そのものだからね」

「では、宇宙と我々《われわれ》の大地は、どのような関係になっているのでしょうか？」

「ピタゴラスが言うように、我々の大地は球体である。つまり、『地球』だ。この地球は、宇宙の中心に浮《う》かんでいる。そして、中心にある地球を、太陽や月、火星、木星、土星などの同心球が取り囲んでいる。そして、一番外側の同心球には、無数の恒星《こうせい》が張りついているんだ」

「まるで、タマネギの断面のようですね」

「まさにそうだ」

「この順番は、どうしてわかるのですか？」

「それぞれの明るさや、見かけの速度をもとにすればわかる」

「では、地球はなんの支えもなしに、どうやって浮いているのでしょうか？」

「宇宙全体は均質《きんしつ》だ。その中心にいる地球は、どちらの方向にも偏《かたよ》ることなく静止しているのだ」

プラトンのこの宇宙モデルは「地球球体説」という。しかし、この宇宙モデルでは、惑星《わくせい》の運行の様子を正しく説明できないところがあった。アリストテレスは、その点を指摘《してき》した。

「太陽や月は、ほぼ円形の軌道《きどう》を規則正《きそくただ》しく動きます。しかし、なかには、ときどき逆向きに進んだり、奇妙《きみょう》な動きをする星があります。これはどのように説明しますか？」

アリストテレスが指摘した、奇妙な動きをする星は、「さまよう人」という意味の「プラネテス」と呼《よ》ばれていた。このプラネテスが、英語の「プラネット」（惑星《わくせい》）の語源となるのである。

惑星が奇妙な動きをする本当の原因は、太陽の周りをまわる公転速度が惑星によって異なるからだ。公転速度は、太陽から遠い惑星ほど遅《おそ》い。そのため、地球の内側をまわる水星や金星は地球をときどき追《お》い越《こ》し、反対に火星や木星、土星はときどき地球に追い越される。そのとき地球から見ると、惑星が普段《ふだん》とは逆向きに進むように見えるのである。これを「逆行」という。

しかし、この時代に、そんなことがわかるはずもない。

プラトンの地球球体説では、宇宙の中心に地球があり、その周りを惑星がまわっているので、逆行を説明するのは困難《こんなん》だった。

プラトンは眉間《みけん》にしわを寄《よ》せ、ため息をついた。

「そのことは知っておるが、とても説明が難しい。今、わしの弟子のエウドクソスがその研究に取り組んでいる。もうじき答えが出るだろう……」

やがてエウドクソスは、この問題を解決するために、かなり複雑なモデルを考えた。奇妙な動きをするプラネテスは、単純な円軌道《えんきどう》ではなく、それぞれ異なる回転軸《かいてんじく》と回転速度をもつと考えたのである。エウドクソスは、合計27個の同心球の運動を組み合わせることで「逆行」を説明した。

アリストテレスは、それまでのギリシャの哲学者《てつがくしゃ》や師のプラトンの考えをふまえながら、自らの宇宙モデルを考えた。

「私たちの現実世界は、４つの要素（元素）によってつくられている。つまり、火・空気・土・水の

4元素だ。これら4元素を適当な割合で組み合わせることによって、すべてのものはつくられる。しかし、宇宙だけは違う。宇宙は、この4元素とは違うものでできているのではないか？」

現実的な見方をするアリストテレスでさえも、宇宙だけはわからないことが多く、それだけに神秘《しんぴ》的《てき》だった。

「動物や植物のように生まれては消えるものは、私たちとともにあるので、それを調べる手がかりが多い。調べる努力を惜《お》しまなければ、多くのことがわかる。でも、宇宙については、手がかりがほとんどない。だから宇宙には謎《なぞ》が多い」

何よりも不思議だったのは、星々が休みなく動き続けることだった。

アリストテレスは、このことを説明するためには、火・空気・土・水以外のもう一つの要素が必要だと考えた。その第5の元素が、「エーテル」である。

アリストテレスは、宇宙はこの「エーテル」からつくられていると考えた。「エーテル」は、古代ギリシャで「空の上にある永続的な世界」を示す「アイテール」に由来する。

「星々はエーテルという永久不滅《えいきゅうふめつ》の元素でつくられているから、休みなく動き続けるんだ。だから、宇宙は永遠不滅の存在なんだ」

アリストテレスは、プラトンのイデア論を否定《ひてい》したが、宇宙のしくみについては、プラトンのタマネギ型の「地球球体説」を受《う》け継《つ》いだ。

「では、なぜ地球が宇宙の中心にあるんだろう？　プラトン先生はそれについて説明していなかったな……」

アリストテレスは考えた。

「土でできた地球は重い。そのため、重みで落下し、宇宙のどの部分よりも下にある。だから地球は宇宙の中心で安定していられるのではないか」

アリストテレスは、自らが考えた「物体の運動の法則」をもとに、このように説明した。

ちなみに、アリストテレスが考えた「物体の運動の法則」は、長らくヨーロッパで信じられることになる。その中に、「物体の落下速度は重さに比例する」という法則があった。ところが16世紀後半、イタリアの物理学者であるガリレオ・ガリレイは、ピサの斜塔《しゃとう》から重さの違う鉄球を落とす実験をして、この法則の誤《あやま》りを明らかにすることになる。

またアリストテレスは、27個の天球からなるエウドクソスの宇宙モデルを、さらに発展させた。

「27個の天球では説明しきれない。天球はもっとあるはずだ」

そう考えたアリストテレスは、全部で56個の同心球が複雑に動く宇宙モデルをつくりあげた。

「一番外側の同心球の回転が内側の同心球に伝わり、その回転がさらに内側の同心球に伝わる。これを繰《く》り返《かえ》すことで、すべての同心球が回転しているんだ」

このうち、一番外側にある同心球（無数の恒星《こうせい》がはりついている同心球＝「恒星天」）を動かす存在を、アリストテレスは「不動の動者」と呼《よ》んだ。この「不動の動者」こそが天を動かす力であり、「すべての運動の源《みなもと》」と考えたのである。

その頃、アリストテレスの故郷《こきょう》マケドニア王国は、徐々《じょじょ》に国としての勢力を伸《の》ばしつつあった。アリストテレスは王に招《まね》かれ、アレクサンドロス王子の教師を務めることになった。アレクサンドロスは、父の死後王座につくと、その軍事的才能を発揮《はっき》して世界帝国を築《きず》き始《はじ》める。

アレクサンドロスはエジプトやペルシャを征服《せいふく》し、さらにはインダス川を越《こ》えて東方へ遠征《えんせい》し、東西4500キロメートルにおよぶ巨大《きょだい》な帝国を打ち立てた。

この世界帝国はアレクサンドロスの急死によって分裂《ぶんれつ》することになったが、東西の文化がふれあったことで、「ヘレニズム」と呼ばれる新しい文化がつくられていった。

この新しい文化のなかで、宇宙や星の謎《なぞ》をめぐる研究は大きく発展することになるのである。

「頭でいくら考えても答えは出ない。実際に星を観測してみよう」

ヘレニズムの天文学者たちはそう言って、天体の位置や高度、大きさを測るためのさまざまな天体観測器をつくり、細かなデータを集めた。その集めたデータをもとに、宇宙の真実を追究しようとしたのである。

すると、こんなことを言い出す天文学者があらわれた。

「太陽は月と同じ大きさに見える。でも、本当はとてつもなく大きい！　宇宙の中心にいるのは地球ではなく、太陽なのでは？」

その人物こそ、古代ギリシャの天文学者、アリスタルコスだった。

あるとき、アリスタルコスが夜空を見ているとき、満月がわずかな時間で姿《すがた》を消し、すぐに元に戻《もど》るという現象を観測した。月食だった。古代から人々はこの現象を不思議に思っていた。

「月食は、月が地球の影《かげ》にかくれる現象だ。ということは、月は地球の影よりも小さい。すなわち、月は地球より小さいはずだ」

アリスタルコスはそう推測《すいそく》した。それから、さまざまな観測を繰《く》り返《かえ》した結果、「月は地球の大きさの約3分の1である」という結論に達した。

実際には、月の直径は地球の約4分の1であるが、彼の考え方は間違っていなかった。

さらにアリスタルコスは計算を続け、月と地球の距離《きょり》、地球と太陽の距離などを求め、太陽は地球の約7倍の大きさであると算出した。実際には太陽の大きさは地球の109倍であるが、彼は太陽が地球よりもずっと大きいことを初めて明らかにしたのである。

しかし、その結果は本人にとっても衝撃《しょうげき》だった。

「太陽はそんなにも大きいのか……。太陽が地球よりも大きいのであれば、宇宙の中心にあるのは地球ではなく、太陽だと考えるほうが自然だ」

太陽が中心にあり、その周りを地球がまわる。こうして彼は、観測データや数学の計算式を使って「地動説」を導《みちび》き出《だ》してしまったのである。

ただ、アリスタルコスは、自分でも地動説を受け入れられなかった。

「本当に地動説は正しいのだろうか？　ならば、なぜ地球上にいる我々は地球の動きを感じないのだろうか……」

アリスタルコスは、宇宙の中を進みゆく地球の動きを感じようとした。しかしもちろん、その試みは無駄《むだ》に終わった。

そのため、アリスタルコスの天動説が世間に発表されることはなかった。地動説を初めて世間に訴《うった》えたのは、16世紀の天文学者コペルニクスだといわれるが、アリスタルコスは、コペルニクスより1800年も前に地動説を唱えていたのだ。このことから、彼は「古代のコペルニクス」とも呼ばれる。


やがて地中海世界では、ギリシャにかわってローマ帝国《ていこく》が繁栄《はんえい》のときを迎《むか》える。

この時代、ローマ帝国支配下にあったエジプトの美しい港町アレクサンドリアには、あらゆる古代の書物が集められ、知の集積地となった。そんな書物が積み上げられた大図書館で、黙々《もくもく》と研究する一人の学者がいた。

「アリストテレスの理論では無理だ……」

古代最大の天文学者の一人、プトレマイオスである。彼は、アリストテレスの理論を疑《うたが》っていた。

「夜空を観察していると、惑星《わくせい》はそのときによって大きく明るく見えたり、小さく暗く見えたりする。それは地球と惑星の距離《きょり》が変わるからではないだろうか？　でも、アリストテレスのタマネギ型宇宙モデルでは地球が中心だから、地球とそれぞれの惑星の距離はつねに一定で、大きさや明るさが変化する理由が説明できない」

するとプトレマイオスの頭に、ある考えが浮《う》かんだ。

「こう考えたらどうだろう？　惑星は地球を中心に単純な円運動をするのではない。惑星は自ら小さな円を描きながら、同時に地球の周りをまわっている。この動きによって、惑星は地球に近づいたり、遠ざかったりする……うん、これなら惑星の大きさや明るさが変化する理由をうまく説明できる」

プトレマイオスが考えた宇宙モデルは、「周転円モデル」と呼《よ》ばれる。彼の宇宙モデルも、今までのものと同じように次世代に引《ひ》き継《つ》がれ、それをもとにして研究が発展してゆくことになる。

こうして、タレスから始まった宇宙や星の謎《なぞ》に挑《いど》む戦いは、プトレマイオスをもって一つの結論を得る。そのなかには、多くの誤《あやま》りもあったが、いずれも真実を求めて合理的に考えて描かれた宇宙の姿《すがた》だった。

だが、この古代の科学的遺産《いさん》は、やがて来たる中世の暗黒のなかに長く埋《う》もれることになる。ふたたび日の目を見るのは、１０００年以上もあとのこと。ルネサンスの到来《とうらい》とともにあらわれた、科学の巨人《きょじん》たちの活躍《かつやく》を待たなければならなかった。

科学の
先駆者たち

地動説にとりつかれた男たち

コペルニクス、ケプラー、ガリレイ

1633年4月、イタリア・ローマにあるバチカンの法廷《ほうてい》の被告席《ひこくせき》に、この時代でもっとも偉大《いだい》な科学者が立っていた。

——ガリレオ・ガリレイ。このとき69歳だった。

重い病気を患《わずら》いながら、ローマの宗教裁判所に出頭を命じられたガリレイは、はるばるフィレンツェから疫病《えきびょう》のはやる地域を通って長旅をしてきた。顔つきは疲《つか》れはてていたが、彼の頭は冴《さ》えわたっていた。証言台に立つ原告の枢機卿《すうききょう》を見つめるその瞳《ひとみ》には、これから自分の身に振りかかることへの恐《おそ》れが見《み》え隠《かく》れしていた。

「被告ガリレイは、地球は宇宙の中心にあるのではなく、太陽の周りをまわっていると主張している。これは教会の教えに背《そむ》くものだ。極刑《きょっけい》に値する」

証言台には、かわるがわる枢機卿があらわれ、ガリレイの罪《つみ》を主張した。彼らは教会の秘密警察《ひみつけいさつ》ともいうべき存在で、この宗教裁判を取りしきっていた。

法廷の中央には、ローマ・カトリック教会の長、教皇《きょうこう》ウルバヌス8世がすわっている。彼は目を閉じて、科学者ガリレイに不利な証言を注意深く聞いていた。

「この男の考えは、カトリック教会をおびやかすものだ。なんとしてでも、消し去ってしまわねばならない……」

ウルバヌス8世はそう考えていた。

これまでの宗教裁判では、被告の発言や行動を理由に多くの人が「異端者《いたんしゃ》」とされ、処刑《しょけい》が命じられてきた。30年以上前の1600年には、哲学者ジョルダノ・ブルーノが宗教裁判にかけられ、異端者として火あぶりの刑に処せられていた。その後、数えきれない人たちが拷問《ごうもん》にかけられ、処刑されてきたのだ。

「私も、彼らと同じ運命か……」

ガリレイも、宗教裁判の恐ろしさを十分に承知していた。

「なんとか処刑を逃《のが》れる方法はないか？」

天井のドームを見上げた。

「今も上空では、天界の星々が数学的な美しい運動を続けているだろう。望遠鏡をのぞいたら、何が見えるだろうか？　何が発見できるだろうか？」

初めて望遠鏡で月をのぞいたときに全身をかけぬけた衝撃《しょうげき》は、ガリレイの体にしっかりと刻《きざ》みこまれていた。

「もういちど、あの感覚を味わいたい……」

ガリレイは切《せつ》に願った。

「しかし、今は生きのびることが大切だ。私には、まだこの世界で解明したい謎《なぞ》がたくさんある。たとえ、自分の主張を変えてでも……」

ガリレイは、連日続く裁判の中で、自分の考えを自ら否定した。

「太陽は宇宙の中心にあって、地球は太陽の周りをまわっているというのは、偽《いつわ》りの学説です。私はこの学説を否定します」

科学者として正しいとわかっている説を放棄《ほうき》することは、断腸《だんちょう》の思いだったが、「ここで死ぬわけにはいかない。科学者として生きたい」という思いが勝った。ガリレイは、その後の裁判で、教会の教えにそった主張をすることに専念《せんねん》した。

そして、裁判は最終日を迎《むか》えた。

つめかけた枢機卿《すうききょう》たちは、被告席のガリレイを横目で見ながらひそひそ話しあった。まもなく教皇があらわれると、法廷《ほうてい》は一瞬《いっしゅん》にして静まりかえった。

異端審問官《いたんしんもんかん》の代表が法廷の正面に進み出て、一枚の紙を広げた。そして、一つ咳払《せきばら》いをしてから頭をあげると、ガリレイに向かってこう宣告《せんこく》した。

「終身刑を申し渡す」

ガリレイには、有罪判決が言い渡された。

この裁判、いわゆる「ガリレオ裁判」は、「地動説と天動説のどちらが正しいのか」という宇宙論をめぐる争いだった。ガリレイは裁判で地動説を撤回《てっかい》したために死刑はまぬがれたものの、有罪となった。

じつは、地動説と天動説をめぐる争いは、すでに100年にわたって続いていた。ガリレオ裁判は、そのクライマックスだったのである。

争いのはじまりは、1冊の本がきっかけだった。ポーランドの天文学者ニコラウス・コペルニクスが書いた『天球の回転について』である。

――地球は、太陽の周りをまわる一つの惑星《わくせい》にすぎない。

その本には、そうはっきりと記されていた。

1473年2月19日、コペルニクスは、ポーランドを流れるヴィスワ川のほとりの美しい町、トルンに生まれた。

10歳のときに父を亡《な》くしてからは、母方の叔父《おじ》ルーカス・ヴァッツェンローデに育てられた。叔父はのちにヴァルミアという地方の教会のトップにあたる司教に選ばれ、大きな権力を手にすることになる。

「お前は素直で頭がよい。大きくなったら、わしのあとを継《つ》ぐんだぞ」

叔父はそう言って、コペルニクスの小さな頭をなでた。

18歳になると、ポーランドの首都クラクフの名門校ヤギェウォ大学に入り、法律や哲学《てつがく》、医学、天文学、数学などを学んだ。なかでも彼が熱中したのは、天文学の講義《こうぎ》だった。

「天空の惑星《わくせい》は完全な円を描いて永久に動きつづける。そして、その運動はつねに一定である……」

1800年以上も前にアリストテレスが描いた宇宙の神秘的《しんぴてき》な美しさに、コペルニクスはすっかり虜《とりこ》になってしまった。

その後、イタリアに渡ったコペルニクスは、古い伝統《でんとう》を誇《ほこ》るボローニャ大学に進み、法律を勉強した。そこではしっかりと「教会法」を学び、教会の司祭になる準備をするつもりだった。

ところが、入学して半年もたたないうちに、コペルニクスは大好きな天文学や数学の研究に没頭《ぼっとう》するようになった。

「キミは司祭になるんだろう？　法律の勉強はいいのかね？」

ある日、大学で天文学を教えるドメニコ・マリア・ノヴァーラ教授がコペルニクスに言った。

「法律の勉強もやっています。でも、天文学のほうが面白くて……」

「そうか。それならどうかね、私の家に来ないか？」

「えっ!?」

「私の家に住んだらよい。ちょうど部屋が空いているからね。キミの力になれるだろう。ただし、近くの観測所で私の仕事を手伝ってもらうのが条件だ」

「それなら、ぜひ！」

こうしてコペルニクスは、ノヴァーラ教授の家に住み込みながら、近くの観測所で仕事を手伝うようになった。

ここで観測を始めたコペルニクスは、「星食《せいしょく》」という天体ショーに出くわすことになる。

1497年3月9日——。

「月が天体の前を通過している！」

夜空を見上げていたコペルニクスは声をはずませた。かたわらにいたノヴァーラ教授は、落ち着いた様子で説明した。

「ああ、これが『星食』という現象だよ。月によって天体が隠《かく》れているだろう……」

「なんて不思議なんだろう」

コペルニクスは、初めて見る天体ショーに完全に心を奪《うば》われた。

「たとえ司祭になっても、この天体の神秘を研究し続けよう」

このとき、彼はそう心に決めた。

「地球は動かず、宇宙の中心にあるのか……」

コペルニクスは、暇《ひま》さえあれば、古代ローマの天文学者プトレマイオスが書いた天文書を読んで、宇宙のしくみを勉強した。それは、当時誰もが信じて疑《うたが》わない宇宙のモデルを示した、いわば「天文学の教科書」だった。

「では、地球の周りをまわる惑星《わくせい》の動きは、どうなっているんだろう?」

読み進めていくと、惑星の動きについて、次のように説明されていた。

――惑星は地球を中心に単純な円運動をするのではない。惑星は自ら小さな円を描きながら、同時に地球の周りをまわっている。

コペルニクスは、惑星の動きを想像した。

「惑星の動きはとても複雑なんだな……」

古代からの天文学者たちの謎《なぞ》は、地球から見える惑星の動きがいつも同じではないことだった。火星はあるとき急に東向きから西向きにあと戻りしたり（逆行）、しばらく動きを止めたりする。水星や金星は、明け方や宵《よい》のうちだけ地平線の近くにあらわれる。

プトレマイオスの惑星の運動モデルは、こうした謎に説明をつけるものだった。

しかし、コペルニクスには引っかかる点があった。

「アリストテレスは、〝天空の惑星は完全な円を描いて永久に動き続ける。そして、その運動はつねに一定である〟と言っている。でも、プトレマイオスの運動モデルでは、完全な円ではなく、かなりずれている。この矛盾《むじゅん》は、どう解釈《かいしゃく》すればいいんだろう？」

当時、カトリック教会の説く科学とは、アリストテレスの科学そのものだった。アリストテレスは、自然界のすべての存在を人間中心に考えた。その結果、地球が宇宙の中心にあるとした。

地球は動かず、公転も自転もしない。地球は固定されていて、その周りを太陽や月、火星や木星、土星などの惑星がまわっている。

アリストテレスの人間中心の考え方は、カトリック教会の考え方と一致《いっち》し、聖書《せいしょ》の記述とも対立しなかった。したがって、カトリック教会が絶対的な権威《けんい》をもっていた当時、アリストテレスの考え方は反論の余地《よち》のない事実として教えられたのだ。

「アリストテレスが間違っているはずがない。間違いがあるとすると、プトレマイオスのほうか？

いや、まさかそんなことは……」

しかし、この矛盾については、ノヴァーラ教授にも相談できなかった。親しい教授の前でさえも、アリストテレスやプトレマイオスの学説を疑《うたが》うことはためらわれた。

「ノヴァーラ教授と集めた観測データには、プトレマイオスのモデルとの大きなずれがある。プトレマイオスのモデルには修正が必要なのかもしれない……」

でも、どこに間違いがあるのかはわからなかった。コペルニクスは、この問題について一人きりで考えをめぐらすことになった。

ボローニャ大学を無事に卒業したコペルニクスは、それから2年かけてパドヴァ大学で学び、医学を修めた。そして１５０３年の秋、ポーランドに帰国し、司教の叔父が待つヴァルミアに向かった。

「いま、戻《もど》りました」

「イタリアでよく勉強したようだな」

「はい。法律も医学も修めました」

「これからは、この教会でしっかり務めを果たしなさい。やがては、わしのあとを継《つ》いで司教になるんだぞ。いいな」

「はい」

こうしてコペルニクスは、教会で司祭として働き始めた。

コペルニクスは、叔父のもとで働きながら、なんとか時間をつくっては天文学の研究を続けた。

「並んだぞ……」

その日は、コペルニクスにとって待ちに待った日だった。太陽と惑星《わくせい》が一直線に並ぶ「惑星の合《ごう》」という珍《めずら》しい現象を観測しようと、食い入るように星空を見つめていた。

「あれ……？　なにかがおかしい」

コペルニクスは、頭上の星空と手元の天文表を何度も見比《みくら》べて首をひねった。実際に観測した惑星の位置と、プトレマイオスの天文表から予測される惑星の位置を比べてみると、そこに大きなずれがあったのだ。

「プトレマイオスの天文表が間違っているのだろうか？　……そうだ、あのモデルならどうだろう？」

コペルニクスには、ずっと気になっていた宇宙モデルがあった。それは、学生の頃に読んだ古い天文書に書いてあった、古代ギリシャの天文学者アリスタルコスの宇宙モデルだった。

――宇宙の中心にあるのは地球ではなく、太陽である。

アリスタルコスのその言葉は、コペルニクスに新鮮《しんせん》な印象を与《あた》えた。

「太陽が中心ということだって、ありえるかもしれない」

コペルニクスは、そのアイデアを心の片隅《かたすみ》でひそかにあたためていた。

「今こそチャンスだ。アリスタルコスの宇宙モデルにならって、太陽の周りにそれぞれの惑星の軌道《きどう》を配置してみよう。地球は火星と金星のあいだに、そして……」

コペルニクスは、アリスタルコスの宇宙モデルから予想される惑星の位置と実際の観測データを比べた。すると、どうだろう。

「なんてことだ！　ほとんどあってるぞ！」

コペルニクスは目を疑《うたが》った。

「それだけじゃない！　太陽を中心に考えると、火星の逆行も説明できる。つまり、火星は地球のすぐ外側をまわっているため、それより早くまわる地球に追《お》い越《こ》されるとき、まるであと戻《もど》りするように見えるんだ」

コペルニクスは、アリスタルコスの宇宙モデルを使って、いくつもの宇宙の謎《なぞ》が解けることを発見した。

「しかもこのモデルのほうが、シンプルで美しい。プトレマイオスの複雑なモデルより、はるかに簡単に説明がつく。〝天空の惑星《わくせい》は完全な円を描いて永久に動き続ける。そして、その運動はつねに一定である〟というアリストテレスの考えとも矛盾《むじゅん》しない」

しかし、アリスタルコスの宇宙モデルの正しさを証明するためには、まだまだ課題があった。

「太陽を中心とする軌道《きどう》に惑星を並べただけでは、惑星の運動のすべてを説明したことにはならない。それを確かめるためには、もっとたくさんの観測データが必要だ。これは、いくら時間があってもたりないぞ……」

その夜、いてもたってもいられなくなったコペルニクスは、叔父《おじ》のもとを訪れ、思い切って言った。

「僕は、叔父さんのような司祭をめざすことはできません」

「急にどうしたんだ？」

「僕には、やりたい研究があるんです」

「なんだと⁉　これまでお前に期待をかけて、イタリアにまで留学させてやったのに」

「すみません……。叔父さんには感謝してます。でも……」

「で、何の研究をするんだ？」

「それは、今は言えません……」

天文学の研究、しかも太陽を中心とした宇宙モデルの研究をしたい、などということは絶対に言えなかった。教会の教えに反する研究をしていることが知られたら、異端者《いたんしゃ》の烙印《らくいん》を押されてしまうからだ。

「なぜ言えない⁉」

「……」

「もうよい、出ていけ！　勝手にするがよい！」

翌朝、コペルニクスは荷物をまとめて、ヴァルミアの教会をあとにした。

ポーランドの北のはずれに向かったコペルニクスは、フロンボルクの町で聖堂参事会員《せいどうさんじかいいん》の事務官となった。そして、ここで事務仕事をしながら、多くの時間を研究に費やすようになった。

「残りの人生で、太陽中心説（地動説）が正しいことを証明してみせる」

「どうかね？　研究はまとまりそうかな？」

コペルニクスのもとには、ティーデマン・ギーゼ司教という人物がたびたび訪ねてきた。科学に興味をもっていたギーゼ司教は、コペルニクスを応援《おうえん》していた。

「いえ、まだまだですよ」

フロンボルクに来てから、すでに20年がたっていた。

コペルニクスは、住まいのそばに建てた観測所で毎日のように天体観測を行った。そして、そこで集めた膨大《ぼうだい》なデータを丁寧《ていねい》に計算し、天体の運動を明らかにしようとしていた。

「キミがめざす新しい宇宙モデルは、地球が中心ではないというが、いったい、どんなものなのかね？　早く教えてくれたまえ」

「ですから、前にも言ったように、詳《くわ》しくは言えません」

「まったく残念な話だな。でも、論文が完成したら、ぜひ出版してくれよ」

「出版するつもりもありませんよ」

コペルニクスは、首を横に振った。

「ではキミは、何のために研究しているんだね？」

「真理を追究するためです。でも、それがわかっても、誰にも言うことができません。だから、出版もできないんです」

ギーゼ司教は、「そうか……」とため息をついて部屋を出ていった。その背中を見送りながら、コペルニクスは心の中で謝《あやま》った。

「すみません、司教。この宇宙モデルを発表したら、僕は教会を裏切《うらぎ》ることになるんです。聖書に反することだから……。僕にはそんなことはできません。でも、いつか誰かが、この論文を理解してくれる日がくるでしょう」

まもなくコペルニクスは、論文をまとめあげた。6巻にもおよぶ大作だった。この論文でコペルニクスは、まったく新しい宇宙モデルを打ち立てた。

――宇宙の中心は地球ではなく、地球はほかの惑星《わくせい》とともに太陽の周りをまわっている。地球は、コマがまわるのと同じように軸《じく》を中心として西から東へ24時間かけて1回転し、そのために太陽や月や惑星が天空を移動するように見える。

コペルニクスが完成させたこのモデルは、太陽中心の宇宙モデルであり、やがて「地動説」と呼《よ》ばれるようになるものだ。

そしてそれは、詳細《しょうさい》なデータで裏《うら》づけされた、完璧《かんぺき》な論文だった。

「これは天文学に革命《かくめい》をもたらすものだ。やはり世に出すべきか？　……いや、やっぱりできない。これを人々に問うには、あまりにも早すぎる」

コペルニクスは何度も悩《なや》んだが、論文を仕事部屋の棚《たな》の奥《おく》にしまいこみ、完全に封印《ふういん》した。

「先生の宇宙モデルでは、地球が中心にはないのですか?」

ある日、見知らぬ若者がコペルニクスを訪ねてやってきた。彼は、どこで聞いたのか、論文発表していないコペルニクスの研究を知っていたのだ。

「どなたですか?」

「ゲオルク・レティクスといいます。ドイツの大学で数学を教えています」

「ドイツからはるばる?」

「ええ。地球が中心ではない宇宙モデルを、もっとよく知りたいんです」

「なぜ、それを?」

「先生の研究はドイツでは知れ渡っていますよ」

「ほんとに!?」

驚《おどろ》いたコペルニクスは、レティクスをすぐに追い返すわけにもいかないので、観測所を案内し、その研究の一部を紹介した。

それからというもの、レティクスはいつのまにかフロンボルクに居着いてしまった。そして、コペルニクスの唯一《ゆいいつ》の弟子となった。

「先生、僕にだけでも論文を読ませてもらえませんか?」

「それはできない」

「でも、僕は先生の宇宙モデルをきちんと理解したいんです」

コペルニクスは、数日間悩《なや》んだ。レティクスは信頼《しんらい》できる弟子だった。彼なら理解してくれるかもしれない。

コペルニクスはレティクスの熱意に負けた。10年近く隠《かく》しておいた原稿《げんこう》を棚《たな》の奥《おく》から取り出して、6巻におよぶ膨大《ぼうだい》な量の論文を机に並べた。

「さぁ、これだよ。これが、本当の宇宙モデルだ」

「こんなにあるんですか⁉」

レティクスはむさぼるように論文を読み始めた。すべて読むまでに数日がかかったが、その間、途中で何度も興奮《こうふん》した様子で叫《さけ》んだ。

「すばらしい!」

「そうだったのか!」

「なるほど!」

そしてすべてを読み終えたとき、彼はこう言った。

「先生、やはりこの偉業《いぎょう》は必ず本にして、後世に伝えるべきですよ!」

「いや、それだけは勘弁《かんべん》してくれ……」

そうは言ったものの、すでに67歳を迎《むか》えたコペルニクスには、多少の心境の変化が起きていた。このまま自分の発見が封印《ふういん》されたまま、ほとんど誰にも知られず、理解も得られずに死を迎《むか》えていいんだろうか。

——死ぬ前に、どこかで覚悟《かくご》を決めなければ。

司教や友人たちも論文の発表をすすめた。最後はそうした周囲の声におされ、コペルニクスはついに決断した。

「わかった。レティクス、すべてキミに任せるよ」

それから2年間、コペルニクスはレティクスとともに最後の原稿チェックを行い、計算に誤《あやま》りがないかを念入《ねんい》りに調べた。

それから、できあがった原稿を印刷所《いんさつじょ》に持ち込んだ。しかし、6巻というボリュームで、たくさんの図や表が入った本を印刷できるところはなかなか見つからなかった。

レティクスは、原稿《げんこう》をかかえ、あちこち奔走《ほんそう》した。何週間かがたったとき、レティクスは息を切らして帰ってきた。

「先生！　印刷所が見つかりました！　10ヵ月後にはできあがりますよ」

彼はドイツのニュルンベルクの印刷所まで行って、印刷の交渉《こうしょう》をまとめてきたのだ。

「ありがとう！　レティクス」

ところがその冬、コペルニクスは病に倒《たお》れ、身体の右半分の自由がきかなくなってしまった。明晰《めいせき》だった記憶《きおく》はうすれ、それまで通り仕事をすることは難しくなった。

１５４３年5月24日——。

「先生！　できましたよ！」

コペルニクスのもとに、ドイツで刷《す》り上《あ》がったばかりの『天球の回転について』が届《とど》けられた。

「先生が生涯《しょうがい》をかけて書いた『天球の回転について』ですよ」

レティクスは本をかかげて見せた。しかし、コペルニクスはにこりともしなかった。もはや、それが自分の本だということもわからなかったのだ。

「先生……」

レティクスはそれでも、涙《なみだ》ながらに本のページを一枚一枚めくって見せた。

その日、コペルニクスは70年の生涯《しょうがい》を閉じた。


コペルニクスの『天球の回転について』は、じつは当初の原稿からわずかに編集が加えられていた。それを行ったのは、コペルニクスの友人であり、ルター派（キリスト教プロテスタントの宗派）の神学者アンドレアス・オジアンダーである。

彼は印刷の前に最後の原稿の確認を頼まれ、注意深くその内容に目を通した。

「あまりにも聖書の内容と違いすぎる。この理論を事実として発表したら、大変なことになるぞ」

しかし、内容を変えるわけにもいかない。そこでオジアンダーは、表紙に「仮説」と加えた。

「仮説としておけば、事実と断定されないですむはずだ」

さらにオジアンダーは、コペルニクスが書いた序文《じょぶん》を、まったく別のものに書きかえた。

——天文学は、必ずしも決定的な答えを提供《ていきょう》するものではない。

このような断りを入れたのである。

「これで人々が内容をうのみにして混乱することはないだろう」

オジアンダーはこうした編集を加えたうえで、印刷にまわした。

しかし、「仮説」として出版されたとはいえ、『天球の回転について』に対する人々の反発はすさまじかった。

その一人が、宗教改革の中心人物として知られるマルティン・ルターだった。彼は『天球の回転について』が出版されるよりも前にその内容を聞きつけ、こう言って批判《ひはん》した。

「あのコペルニクスという占星術師《せんせいじゅつし》は、天文学のすべてを根底からくつがえそうとしている！」

また、ポーランド国内では、コペルニクスと彼の学説をネタにした喜劇《きげき》が上演《じょうえん》され、あざけりともの笑いのたねになった。

「もし地球が猛《もう》スピードで太陽の周りをまわっているというのなら、なぜ空を飛ぶ鳥は宙《ちゅう》にとり残されないのか？」

多くの人々にとって、自分が立っている足元の地面が動いているというのは、どうしても信じられなかったのである。

カトリック教会はというと、この本に書かれている理論について、とやかく言うことはなかった。

そもそも人々が地動説なるものを信じていなかったので、警戒《けいかい》する必要もなかったのである。

コペルニクスの『天球の回転について』が出版されてから30年ほどがたった、１５７７年11月のこと──。

「なんだ、あの巨大《きょだい》な星は!?　神の怒りか!?」

ヨーロッパ上空に、燃え立つような大彗星《だいすいせい》があらわれた。そのきらびやかな光のかたまりは満月の幅《はば》の50倍もの長い尾をひきずり、空に堂々《どうどう》と弧《こ》を描いた。

人々は大彗星に恐怖《きょうふ》したが、デンマークのヴェン島では、これを冷静に観測する人物がいた。

「……これは、じつに興味深い」

デンマーク人の天文学者ティコ・ブラーエだった。彼は、国王から提供《ていきょう》された資金で世界最大の天文台を建てようとしていたが、その仕事を休んで、彗星の観測にすっかり取《と》り憑《つ》かれた。

ブラーエは、観測データを見直しているうちに、あることに気づいた。

「どういうことだ？　この彗星は月よりもずっと遠いところにある」

アリストテレスの理論では、彗星は地球と月のあいだにあって、単に空を横切るものとされていた。しかし観測データは、彗星は月よりも遠いところにあることを示していたのだ。

「これはどういうことだろう？　アリストテレスの宇宙観が間違っているというのか？　いや、そんなはずはない……」

一方その頃、南ドイツの奥深くのヴュルテンベルク公国では、レオンベルクの町を見下ろす丘の上で、５歳の少年が母親に手を握《にぎ》られながら彗星を見つめていた。

「……あの彗星《すいせい》は動いてるんだね？」

彼の名は、ヨハネス・ケプラーといった。のちにブラーエと出会い、偉大《いだい》な天文学者となる人物である。

ケプラーは、幼いころから好奇心《こうきしん》が強く、一度興味をもったことは徹底的《てっていてき》に探究しないと気がすまない性格だった。また、ものごとを素早く理解する力があり、驚異的《きょういてき》な記憶力をもっていた。さまざまなことが頭の中に整理して記憶されているため、一つのアイデアを別のアイデアへと軽やかに結びつけることができる。そんな類《たぐい》まれな才能があった。

「将来は神学を研究する神学者になるんだ」

早くからそう決めていたケプラーは、神学研究で有名なドイツのチュービンゲン大学に入学した。ゆくゆくは黒い僧服《そうふく》をまとったルター派の神学者になるつもりだった。

ところが、大学で受講した天文学の講義が、彼の人生を変えてしまう。

「宇宙の中心には太陽があり、その周りを地球やほかの惑星《わくせい》がまわっています。これがコペルニクスが唱えた太陽中心説（地動説）です」

講義を行っていたのは、ルター派のミヒャエル・メストリン教授だった。コペルニクスの『天球の回転について』が出版されてから40年以上がたっていたこの時代、メストリンは、コペルニクスの天文学を理解していた数少ない人物だった。

「教授、それは教会の教えに反するのではないですか？　古代の学者プトレマイオスが明らかにしているように、地球は宇宙の真ん中にじっとしているんですよ」

ある学生が、あからさまに不快感《ふかいかん》を示して質問した。するとメストリンはこう言った。

「新しい事実を恐《おそ》れる必要はありません。新しい事実が最初の考えと違っていようともかまわないのです。宇宙は神によって創造《そうぞう》されたものです。事実として発見されたものは、すなわち神の真実に違いありません」

ケプラーは、すっかりメストリンの言葉に心を奪《うば》われてしまった。

「この宇宙は神が創造したものだ。まばゆい天体である太陽は中心に位置し、そこから光と熱と運動を惑星に届けている。太陽こそ父なる神のようだ」

このときからケプラーは、コペルニクスの地動説を信じるようになった。大学で開かれた学術討《がくじゅつとう》論会《ろんかい》でも、はっきりと地動説を支持した。

「宇宙の中心には太陽があります。コペルニクスの説明は理にかなっています。おそらく、これが事実なんです」

会議室は凍《こお》りついたように静まり返ったが、ケプラーは気にするそぶりもなかった。

「キミは天文学者にでもなって、地動説の研究でもするつもりかね？」

ある教授が言った。

「いえ、私は天文学者になりたいと思ったことは一度もありません。私は神学者になります」

それは本心だった。彼は、天文学研究の道に進もうとはみじんも思っていなかった。

1594年、ケプラーは神学の研究をあと数ヵ月で修了しようとしていた。そんなとき、大学の神学部から呼《よ》び出《だ》しがあった。

「我々《われわれ》は、キミをオーストリアの都市グラーツにある神学校の教師に選任した。受けてくれるかね？」

「そんな遠くに!?」

「そんなに遠いところへは行きたくありません」と言いかけて、言葉をのみこんだ。それまでケプラーは、友人たちが遠く離れた土地の職に任命されて、おおっぴらに不平を言っているのを見るたび、不快《ふかい》に思っていた。どんな呼《よ》び出《だ》しがかかっても、自分は受け入れようと心に決めていたのだ。

「わかりました。グラーツに行きます」

ケプラーにとって、神学校の教師という職はまったく魅力《みりょく》を感じられない仕事だった。そんな職には就《つ》きたくないと思ったが、仕方なかった。


馬車に揺《ゆ》られ、ドイツから遠く離れたオーストリアのグラーツに向かうケプラーの気持ちは晴れなかった。

「僕は大学を追い出されたのだ。きっと、教会の教えに反するコペルニクスの太陽中心説を熱心に支持したからに違いない……」

ケプラーが赴任《ふにん》したプロテスタントの神学校は、城壁《じょうへき》に囲《かこ》まれた市街のせまい通りをのぼったところにあった。

ケプラーは哲学《てつがく》や天文学、修辞学《しゅうじがく》などの授業を受けもったが、どれもあまり人気がなく、出席する生徒は数えるほどだった。ケプラーは、話の途中で何かを思いつくと、すぐに話がそれて、まったく違う話を始めるくせがあった。生徒には難しすぎて、ついていけなかったのだ。

「ケプラー先生、あなたの授業は人気がないが、あなたが悪いわけではない。科目が悪いんだろう。今度は、得意な数学を教えてくれませんか？」

「任せてください」

学校側のはからいで、今度は数学を教えることになった。

「数学を教えるには、天文学も研究しないとな」

そう思ったケプラーは、コペルニクスの太陽中心の宇宙モデルを検討《けんとう》し直した。

「コペルニクスの太陽中心の宇宙モデルでは、惑星《わくせい》はすべて太陽から特定の距離《きょり》のところに位置する。惑星の軌道《きどう》の大きさは、地球の軌道の大きさと比べると、水星が3分の1、金星が3分の2、火星が1倍半、木星は5倍、土星は10倍ほどだ。でも、コペルニクスは、なぜ惑星《わくせい》がこのような軌道《きどう》になっているのか理由を示していない」

ケプラーはさらに考えた。

「……それより問題は、なぜ惑星は6つしかないのか、ということだ。神は、惑星の数をそれ以上増やさなかったというのか？　この惑星の数には、何か理由があるのか？」

ケプラーは、こうした問いへの答えを探しながら、数学の授業を始めた。

──1595年7月19日。それは、ケプラーの人生でもっとも重要な一日となった。

ケプラーは、いつものように生徒たちに図形の法則を説明していた。正三角形の3つの頂点《ちょうてん》が円に内接する図を描き、さらに、その三角形の中点（各辺の真ん中）に接する円を内側に描いたとき、ケプラーは何か重大なヒントを得たような気がして手をとめた。

「あっ……」

生徒たちの視線が、一斉《いっせい》にケプラーの手元に集まった。

ケプラーの頭のなかで、バラバラだったアイデアが一つにまとまった。

──わかったぞ！　僕は、宇宙の神秘《しんぴ》の扉《とびら》を開くカギを手に入れたんだ！

ケプラーは、にやりと満足げな笑みを浮《う》かべずにはいられなかった。生徒たちはこの小柄な数学教師の奇妙《きみょう》な顔を見逃《みのが》さなかった。クラスがざわついた。

「ああ……、失礼」

我《われ》に返ったケプラーは授業に戻《もど》ったが、心ここにあらずで、頭のなかでは惑星の軌道と数学の図形が合わさったイメージがうごめいていた。

──内側と外側の2つの円の大きさの比は、木星と土星の軌道の大きさの比とほぼ同じだ。すべての惑星の軌道の大きさの比には、このような幾何学的《きかがくてき》な図形が隠《かく》されているのではないか？　神は、宇宙を創造《そうぞう》するとき、幾何学を原型として用いたのではないか？

ケプラーは、このアイデアをもとにして、さらに考えを深めた。

――平面の幾何学《きかがく》だけでは不十分だ。立体幾何学を用いなければならない。なんといっても、宇宙は三次元なのだから。完全に対称形で、面がすべて等しい立体「正多面体（正立体）」を用いよう。正多面体には、正四面体（ピラミッド形）、正六面体（立方体）、正八面体、正十二面体、正二十面体の5つしかない。そして惑星の軌道《きどう》の間にある空間も、ちょうど5つだ。それらの空間に、5つの正多面体を順番にはめこんでみよう……。

授業を終えたケプラーは、研究室に駆《か》け込《こ》み、さっそくこのアイデアを試してみた。実験に没頭《ぼっとう》した彼は、翌日、驚《おどろ》くべき事実に直面した。

「こっ、これこそ、神の驚異的《きょういてき》な奇跡《きせき》だ……」

いちばん外側の土星の軌道をあらわす球体に立方体を内接（すべての頂点が球面に接する）させる。さらに、その立方体の内側に球体を内接させると、それは木星の軌道となった。

同じように、木星と火星の間には正四面体、その次は正十二面体、正二十面体、正八面体というふうに、それぞれの軌道をあらわす球体の間に正多面体をはめこんでいく。

すると、それぞれの球体の大きさの比は、惑星の軌道の大きさの比とほぼ一致《いっち》したのだ。

「なぜ惑星が6つだけなのかという疑問も、これで説明がつく。神は、5つの正多面体にもとづいて惑星の間隔《かんかく》を決定したのだ！　この発見はコペルニクスの宇宙体系の正しさを証明するだけではない。神の驚異的《きょういてき》な奇跡《きせき》の証《あかし》になる」

その年の10月、ケプラーは自分の発見を本にまとめて発表しようと考え、そのことを恩師《おんし》メストリンに手紙で報告した。

「先生、私はこの発見を本にして、世に広く知らせようと思っています。しかし自分の利益《りえき》のためではありません。……私は神学者になりたいと望んでいたので、しばらく悩《なや》みました。しかし、いまや神の栄光は、私の仕事を通して、天文学でも称《たた》えられるのです」

1596年、ケプラーは『宇宙の神秘』を発表した。このとき25歳だった。

のちに分かったことだが、ケプラーが主張したこの「正多面体仮説」は、科学的には誤《あやま》りだった。しかし、ケプラーは、この完全に間違った仮説にこだわりつづけた。だがその結果、やがて重要な宇宙の法則を発見することになる。

「科学者たちはこれをどう見るだろうか？」

ケプラーは、ヨーロッパ中の目ぼしい学者に『宇宙の神秘』を送ることにした。

イタリアに送った2冊のうちの1冊は、イタリア・パドヴァ大学の無名の若い数学教授の手にわたった。その数学教授からは、すぐにお礼の手紙が返ってきた。

——私も何年も前からコペルニクスの支持者であり、地動説の証拠《しょうこ》を集めております。しかし、これまでのところ、それを公の場に持ち出す気にはなれません。我《われ》らが師コペルニクス自身の運命を思い、恐《おそ》ろしかったからです。

彼はこう述べていた。ケプラーはそれを読んで、すぐに返事を書くべく、ペンをとった。

「気持ちはわかるが、真理を世に示すのが、われわれ科学者の務めではないか。それは神の創造《そうぞう》した美しい世界を解き明かす旅でもあるはずだ」

ケプラーはそんな思いのたけを書き記し、すぐに返事を送った。

――どうか信念をもってください。そして打って出てください！　私の推測《すいそく》が正しければ、ヨーロッパの主だった数学者で、私たちと距離《きょり》をおきたがる者は少ないでしょう。真理とは、それほど大きな力なのです。

しかし、それ以来、その数学教授から返信がくることはなかった。

二度目の手紙がきたのは、それから13年がたった時だった。

――私は、自作の天体望遠鏡で、木星の４つの衛星《えいせい》を発見しました！

そう手紙に書いてきた、その男こそ、ガリレオ・ガリレイだった。

ケプラーの『宇宙の神秘』を受け取った学者のなかに、偉大《いだい》な天文学者ブラーエもいた。

幼いケプラーが母親といっしょに大彗星《だいすいせい》を眺《なが》めていた同じ頃、綿密《めんみつ》な観測データをもとに、「この彗星は月と地球のあいだにあるのではなく、月よりもずっと遠いところにあるのではないか」と考えていた、あのブラーエである。

ブラーエは、そのころ神聖《しんせい》ローマ帝国《ていこく》の数学官（皇帝《こうてい》に仕える宮廷学者《きゅうていがくしゃ》）となり、皇帝の居城《きょじょう》のあるプラハにいた。

ケプラーの本に目を通したブラーエは、すぐにその問題点を見つけた。

「独創的《どくそうてき》で面白いが、そもそもコペルニクスが出した惑星《わくせい》と惑星の距離《きょり》の値が不正確すぎる」

本を閉じて、仕事に向かおうとしたとき、ブラーエはふとこう思った。

「しかし、これほど天文学に精通《せいつう》している男なら、私のデータを託《たく》せるかもしれないな」

ブラーエは、巨大《きょだい》な天球儀《てんきゅうぎ》（天体の位置などを調べる道具）を備《そな》えた天文台で20年以上にわたって観測を続けており、手もとには膨大《ぼうだい》な量の観測データがあった。

「私の観測データを活用して研究してみないか？」

ブラーエはケプラーにそんな手紙を書いた。

その頃のケプラーは、数学教師の仕事を失っていた。グラーツでカトリックの君主による厳しい統《とう》治《ち》が始まり、ケプラーのいたプロテスタントの神学校は閉鎖《へいさ》されてしまったのだ。

「迷《まよ》う必要はない。ブラーエ先生のもとに行こう。私は天文学者になるんだ」

１６００年、29歳のケプラーはブラーエの待つ美しいプラハの町に到着《とうちゃく》した。

丘《おか》の上にはプラハ城がそびえ、それを取り囲むように貴族や大使の御殿《ごてん》が立ち並んでいた。ふもとの市街地には、あちこちに青空市場がたち、人々でにぎわっていた。

「さすが皇帝のお膝元《ひざもと》だな……。グラーツとはまるで違う」

ケプラーは人の波をかきわけながら、町の活気を楽しんだ。

プラハに到着《とうちゃく》したことを手紙でブラーエに伝えると、すぐに迎《むか》えの馬車があらわれた。

「ケプラーさま、お待ちしておりました」

御者《ぎょしゃ》の案内で、ケプラーは馬車に乗り込んだ。馬車が走り出すと、プラハの町を出て、やがてのどかな田園地帯《でんえんちたい》に入った。

「どこへ行くのです？」

「ベナートキ城です。ブラーエさまは、お城をまるごと借り切って研究をされています」

「そうですか。すごいお方ですね」

馬車は城に入り、ついにケプラーはブラーエとの対面を果たした。

「遠いところをよく来たね。待っていましたよ」

「お招《まね》き、ありがとうございます」

貴族であるブラーエは、威厳《いげん》に満ちていた。

その日から、二人の学者はお互《たが》いの考えをぶつけあいながら、研究を進めた。二人は、年齢《ねんれい》も違えば、貴族と平民という身分も違った。天文学者と数学者という専門も違った。しかしそれだけに、互いの才能と技能がちょうど補完《ほかん》しあう関係にあった。

「私の考えた宇宙モデルは、プトレマイオスともコペルニクスとも異なる。地球は宇宙の中心で静止していて、月と太陽は地球の周りをまわっているが、ほかの惑星はみな太陽の周りをまわっているんだ」

ブラーエはそう言った。

「……そんな複雑なことがあるでしょうか？」

ケプラーにはブラーエの考えが納得できなかった。

「間違いないはずだ。キミには、この私の仮説が正しいことを証明してほしいんだ。そのために、私はこの膨大な観測データを集めてきた」

ケプラーは騙《だま》された気分だった。彼は「正多面体仮説」を検証するために、ブラーエの観測データを求めてプラハまでやってきたつもりだったが、ブラーエは自身の仮説を検証するためにケプラーを呼《よ》び寄《よ》せていたのだ。

ブラーエは言った。

「惑星のなかでも、もっとも不可解なのは火星だ。まずは、火星の軌道《きどう》を導《みちび》き出《だ》してほしい。できるかね？」

最初からブラーエのデータを使わせてもらえるなど、そんな都合のいい話はない。ケプラーは気持ちを切《き》り替《か》えて、まずはブラーエの仕事を手伝うことにした。

「……わかりました。火星の軌道なら、８口間で解けますよ」

ケプラーは自信たっぷりに答えた。しかし、計算を始めてみると、すぐにそう簡単な仕事ではなかったことに気づいた。

「これは厄介《やっかい》な難問《なんもん》だ……」

結局、ケプラーは火星の軌道を出すのに８年も要することになった。しかし、この火星の軌道こそが、ケプラーがやがて明らかにする惑星運動の秘密を解くカギになるのである。

ケプラーがプラハに来て1年と半年が過ぎた頃、ブラーエは病魔《びょうま》におかされてしまった。

「苦しい！　助けてくれ！」

ブラーエは苦しみもだえ、眠《ねむ》れない夜が続いた。やがて意識は混濁《こんだく》し、うわごとのように同じことを繰《く》り返《かえ》すようになった。

「たのむ……お願いだから、私の宇宙モデルが正しいことを明らかにしてくれ」

「わかってます」

「私の人生が無駄《むだ》ではなかったと証明してくれ……」

「大丈夫《だいじょうぶ》です。私が先生の研究をやりとげます」

それから数時間後、ブラーエは昏睡状態《こんすいじょうたい》におちいり、静かに息を引き取った。1601年10月24日のことだった。


ブラーエの死後、ケプラーは帝国数学官としてその仕事を引《ひ》き継《つ》いだ。ケプラーの手元には、膨大《ぼうだい》な観測データが残された。

「ブラーエ先生の研究をやりとげないと……」

机《つくえ》の上に散らばった火星の軌道計算《きどうけいさん》の用紙を整理していると、ケプラーにあるひらめきが訪れた。

「そうか！　火星を手本にすれば、地球やほかの惑星《わくせい》の軌道もわかるはずだ」

しかし、計算を進めていくと、すぐに壁《かべ》にぶつかった。

「惑星が描く軌道のかたちは円形のはず。それなのに、どうしても観測結果と計算が一致《いっち》しない」

ブラーエの観測データは正確である。ケプラーの計算も間違っていない。

「もしかして……。惑星の軌道は円のかたちではないのかもしれない」

ケプラーは力まかせに計算を繰《く》り返《かえ》した。びっしりと計算式を書き込んだ用紙は900ページを超えた。

やがてケプラーの頭のなかに、新しい惑星の軌道イメージが浮《う》かんだ。

「太陽には、惑星を動かすなんらかの力がある。惑星は太陽に近づくほど動きが速くなり、太陽から離れるにつれて動きが遅《おそ》くなる。火星は円の軌道で考えたとき、かかる時間が長すぎるときや、短すぎるときがある。惑星の軌道は完璧《かんぺき》な円というより、楕円《だえん》なんだ」

このひらめきから、ケプラーは、楕円の正確な軌道を特定するための複雑な計算を続けた。ケプラーは20通りものやり方を試し、1604年の1年間は、まるまるこの計算のために費やされた。

この難問はケプラーにしつこくつきまとったが、その解決はほんの一瞬《いっしゅん》の出来事だった。洪水《こうずい》のようにあらゆるものがいちどに押《お》し寄《よ》せてきて、すべてがきれいに解決された。

「夢から覚めて新しい光を目にしたかのようだ……」

美しい宇宙の真理が、ケプラーの目の前にあらわれた。

――惑星の軌道は完全な円ではなく、太陽を一方の焦点《しょうてん》(楕円の内部には2つの焦点が存在し、

2つの焦点から楕円《だえん》までの距離の合計は常に一定になる）とした楕円を描く（第1法則）。

——惑星の動きは、太陽に近づくにつれて速くなり、太陽から離れるにつれて遅《おそ》くなる。つまり、惑星が軌道を進むにつれて、一定の時間に惑星と太陽を結ぶ直線が通るところの面積は一定となる（第2法則）。

1609年、ケプラーはこの2つの法則をまとめた『新天文学』という本を発表した。

さらにその10年後、惑星の周期と太陽からの距離《きょり》に秘められたもう1つの法則を発見する。

——惑星の公転周期の2乗は、その楕円の中心から軌道までの最長距離の3乗に比例する（第3法則）。

ケプラーが四半世紀をかけて追い続けてきた惑星の謎《なぞ》は、この3つの法則をもって解き明かされた。これらの3つの法則がそろったことで、「惑星運動の3法則」（ケプラーの法則）が完成したのである。

『新天文学』の執筆《しっぴつ》という大仕事を終えた頃、ケプラーはふとある人物を思い起こした。

「そういえば、コペルニクスを支持していたあのイタリア人は、私の発見をどう思うだろうか？　彼は今ごろ、何を研究しているんだろうか？」

ケプラーは少し優越感《ゆうえつかん》にひたりながら、そんなことを思っていた。

ところがそのころ、そのイタリア人のガリレオ・ガリレイは、ケプラーをも驚かせる天文学上の大発見を成し遂《な》げ《と》ようとしていたのである。

ガリレイは17歳でピサ大学に入学し、医学を専攻《せんこう》した。

彼は礼儀《れいぎ》正しく相手を尊重《そんちょう》する人物だったが、ひとたび数学や物理の問題になると、相手が誰であろうと、自分の考えを遠慮《えんりょ》なく主張した。

「古代のギリシャ人のように、ただ座って考えているだけでは、科学の進歩はありえない。アリストテレスは、生涯《しょうがい》を通じてただの一度も実験を行わずに、頭で考えるだけで結論を導《みちび》き出《だ》していた。しかし、それでは不十分だ！」

ガリレイは、友人たちの前でそう言った。

「キミは、アリストテレスが間違っているというのか？」

「そうは言ってない。間違っているかどうかを、実験をして確かめるべきだと言ってるんだよ」

そう力説するものの、ほとんどの友人にガリレイの言葉は理解されなかった。友人たちはみな、当時の大多数の人々と同じように、アリストテレスを信奉《しんぽう》していたのだ。

「キミの議論は過激《かげき》すぎるんだよ。みんなが、キミのことを、『口げんか屋』と呼《よ》んでるのもわかるよ」

「なんだって!?」

「これは忠告《ちゅうこく》だ。……アリストテレスを表立って批判《ひはん》することはやめたほうがいい。カトリック教会が黙《だま》ってないぞ。異端者《いたんしゃ》と呼《よ》ばれて火あぶりにされる」

「そんなの、こわくないよ……」

ガリレイは唇《くちびる》をかみしめた。

1583年、教会のミサに出席していたガリレイは、聖堂内の丸天井《まるてんじょう》にかかるランプが風で大きく揺《ゆ》れているのをぼんやり見つめていた。

「ランプが大きく揺れても、小さく揺れても、揺れにかかる時間が変わらないように見える……」

ガリレイは自らの信念に従って、実験をして確かめることにした。

その結果、「振《ふ》り子《こ》の揺れ（振り幅）にかかる時間は、揺れ（振り幅）の距離にかかわらず、つねに一定である」という、とてもシンプルだが重要な法則を導《みちび》き出《だ》した。これは「振り子の等時性」と呼ばれる。

学生時代にこうした多くの実績をあげたガリレイは、ピサ大学の数学教授に選ばれた。

「もはや、学生のように自分の考えを率直《そっちょく》に言える立場ではない」

ガリレイは自分にそう言い聞かせた。

しかし、研究態度は反アリストテレス的方法を貫《つらぬ》き、物体の運動に関する実験を次々と行った。

「やはり、思ったとおりだ……」

ガリレイは、重さの違う鉛《なまり》を斜面《しゃめん》で転がす実験を行った。

「アリストテレスは、重さの違う物体は落下の速度も違うと主張した。でも、この学説は完全に間違っている。物体は重さに関係なく、同じ速度で落下する」

このことを「運動について」という論文にして発表しようとすると、大学の同僚《どうりょう》たちのあいだから激しい批判《ひはん》が巻《ま》き起《お》こった。

「アリストテレスの学説が正しいに決まってるじゃないか。ガリレイ教授！　あなたは、なんてことを言うんですか！」

「これは実験をして確かめたことです。アリストテレスの学説が間違っています」

「その実験方法が間違っているんじゃないですか？」

「ならば、私の説が正しいことを、みなさんの前でお見せしましょう」

ガリレイは覚悟《かくご》を決めた。公開実験に踏み切ったのだ。

ガリレイは2人の助手をしたがえ、「ピサの斜塔《しゃとう》」の内部のらせん階段を登った。塔《とう》の上の鐘楼《しょうろう》に立つと、平衡感覚《へいこうかんかく》がおかしくなり、めまいがしそうだった。塔が傾《かたむ》いているからだ。

足元ではたくさんの同僚《どうりょう》たちが塔を取《と》り囲《かこ》むように並び、ガリレイたちのほうを見上げていた。

「では、準備しようか」

二人の助手は、それぞれ重さの違う砲丸《ほうがん》（大砲の弾《たま》）を両手で持って、いつでも塔の上から地面に落とせる構《かま》えをとった。

「では……、はじめ！」

同時に手から離れた砲丸は音もなく落下し、ほぼ同時に草地に着いた。一瞬のことだったが、結果は誰の目にも明らかだった。物体は重さに関係なく同じ速度で落下するのだ。

「本当にアリストテレスの学説が間違っていたのか……」

同僚たちは唖然《あぜん》として、しばらく誰も口をきけなかった。

だが、これでガリレイの評価が高まったかというと、そうではない。ガリレイは「反アリストテレス」の烙印《らくいん》を押《お》され、大学での仕事は、3年の任期満了をもって打ち切られた。ガリレイは、大学から追放されてしまったのだ。

ピサ大学を追放されたガリレイだったが、幸いにもパドヴァ大学に迎《むか》えられ、数学教授の職を得ることができた。ガリレイは、パドヴァ大学でさらに重要な発見を積み重ねていく。

そんなある日、ガリレイのもとに一冊の本が届《とど》けられた。1597年のことだ。

それは、ケプラーが書いた『宇宙の神秘』だった。コペルニクスの宇宙観を支持する内容だった。

ガリレイも、コペルニクスの支持者であり、同じ立場の仲間がいることを喜んだ。しかし、ピサ大学を追放されたガリレイはとても慎重《しんちょう》になっていて、あからさまにコペルニクスを支持するわけにはいかないと思っていた。

——しかし、これまでのところ、それを公の場に持ち出す気にはなれません。我らが師コペルニクス自身の運命を思い、恐《おそ》ろしかったからです。

ガリレイが手紙でそう書くと、ケプラーからすぐに返事がきた。

——どうか信念をもってください。そして打って出てください！　私の推測《すいそく》が正しければ、ヨーロッパの主だった数学者で、私たちと距離《きょり》をおきたがる者は少ないでしょう。真理とは、それほど大きな力なのです。

ガリレイは、この返事を読んだが、もはや返信する気にはなれなかった。

「この人は、なにもわかってない。カトリック教会の恐ろしさを。ここイタリアでは、アリストテレスを批判《ひはん》し、コペルニクスを支持することは絶対にタブーなんだ。遠く離れた国とは、事情が違うんだよ」

ガリレイは、研究によって世間の注目が高まれば高まるほど、教会からの監視《かんし》が厳《きび》しさを増していることを実感していた。そのため、新しい学説を発表するときはもちろん、ちょっとした発言にも気を配るようになっていた。

「身の危険《きけん》をおかしてまで、あなたを擁護《ようご》することはできない。わかってくれ……」

それから二人の交流は長らく途絶《とだ》え、1609年を迎《むか》えた。

この年、ケプラーが太陽を中心とした惑星の運動の法則を発表した。その発表のことをまだ知らないガリレイだったが、一方で彼は自分の研究生活を一変する道具を手に入れようとしていた。

「オランダ人のめがね職人が発明したらしいんだが、こうして2つのレンズをのぞきこむと、遠くのものが大きく見えるんだ」

友人が秘密をうちあけるようにこっそり見せてくれたその道具は、望遠鏡だった。

「それで、どうやってつくるんだ？」

「キミは望遠鏡をつくる気か?」

「もちろん」

ガリレイは家に帰ると、教わったとおりに材料を集め、望遠鏡をつくってみた。

「……これじゃ使いものにならないな。もっとレンズを磨《みが》こう。レンズのふちから入る光をさえぎるため、覆《おお》いもつけたほうがいい」

ガリレイは改良に改良を重ねた結果、ほかの望遠鏡の倍率が3倍程度だったなかで、20倍の倍率で見ることができ、さらには「絞《しぼ》り」の機能も備《そな》えた望遠鏡を完成させた。

ガリレイは、単に高性能の望遠鏡を開発したかったわけではない。望遠鏡で見たかったものがあったのだ。

「これで宇宙を見るぞ!」

ガリレイは部屋の窓際に望遠鏡をセットし、日が暮れるのを待った。やがてあたりが暗くなり、星々が輝きはじめた。夜空の中央には月があらわれた。

ガリレイは、望遠鏡の先端《せんたん》を月の方向に向け、レンズをのぞきこんだ。

「なんだ、これは!?」

そこには、想像もしなかったものが映り込んでいた。

「アリストテレスが言っていたことと、まったく違うじゃないか!」

アリストテレスは、月は完全な球体で、傷《きず》一つないとしていた。ところが、望遠鏡でのぞきこんだ月面には、クレーターやクレバス（さけ目）などの凹凸《おうとつ》がたくさんあった。ガリレイは、その中でもひときわ目立つ、山のように高くなっている部分に目をとめた。

「あの不思議な物体はなんだろう？　影《かげ》の長さからいって、かなり高い山かもしれない」

ざっと計算してみると、月の山の高さは、地球にあるいちばん高い山よりも、ずっと高いことがわかった。

それからガリレイは、何ヵ月も月の観察に夢中になった。

ひととおり月の観察を終えると、今度は望遠鏡を木星に向けた。すると、木星の表面に3つの黒い点を観測した。1610年1月のことだった。

「あの点はなんだろう？」

その日はとりたてて気にすることはなかったが、数日後に驚《おどろ》くことが起きた。

「まさか……。黒い点の位置がこの間と違うじゃないか」

数日後にまた観測してみると、黒い点は2つしかなかった。

「黒い点が消えた……。どういうことだ？」

ガリレイは、望遠鏡そのものの不具合で黒い点が見えていると思っていた。しかし、慎重《しんちょう》にテストしてみると、それは明らかに木星の周辺にある物体が移動しているものだとわかった。

「そうか！　地球が太陽の周りをまわるように、木星の周りをまわる衛星《えいせい》があるんだ」

最終的にガリレイは、木星には4つの衛星があることを発見した。

「この発見を人々に知らせるべきだ」

ガリレイは、木星の衛星について『星界の報告』という本にまとめて出版した。すると、この発見は、ヨーロッパ中で大きな話題を呼ぶことになった。

プラハにいたケプラーのもとには、ガリレイの発見のニュースが、本の出版前から伝わっていた。

「ガリレイは、４つもの衛星《えいせい》を発見したのか!?　彼はやっぱりすごい科学者だった！」

やがてガリレイから『星界の報告』が届《とど》いた。ガリレイはケプラーにこの発見をどう考えるか意見を求めてきた。

ケプラーは、自分の意見を『星からの使者との対話』という薄《うす》い本にして、ガリレイに返答した。

——まず、木星にも衛星があるという事実によって、地球が太陽の周りをまわったら月を失ってしまうという異論はしりぞけられます。また、木星が自転している平面で木星の衛星が回転しているという事実から、私が『新天文学』で唱えたように、月は地球の自転によって動かされていると考えられます。

こうしてケプラーは、ガリレイの発見を支持した。

ケプラーの弟子マルチン・ホルキでさえ、「ガリレイは、存在しないものを見たのだろう」と言ったほど、ガリレイは多くの批判《ひはん》を浴《あ》びたが、ケプラーの言葉はたいへんな励《はげ》みとなった。

ガリレイは、ケプラーに感謝の手紙を書いた。

——まだ予備的な観測にすぎませんが、あなたはその寛大《かんだい》な心とすぐれた才能により、私の主張をすべて信じてくれた、初めてにして、唯一《ゆいいつ》の人です。

その手紙は、ケプラーを喜ばせた。

ガリレイは、その後も望遠鏡での観測を続けた。すると、次々と新たな事実がわかってきた。

ガリレイは、木星に続いて土星も観察し、土星の2つの衛星（実際には土星の環《わ》）を発見した。さらには、金星や火星の観察から、ある重要な発見をした。

「金星や火星にも月と同じような満ち欠けがある。つまり、これらの惑星は太陽の光をうけて輝やき、太陽の周りをまわっているということだ」

もはやガリレイのなかでは、太陽中心説（地動説）は、動かしがたい事実となりつつあった。


1611年5月、ガリレイはローマで講演《こうえん》を行った。

「これが私が開発した望遠鏡です。これによって、木星には4つの衛星があることを発見しました……」

ガリレイは、自分の発見を人々に広め、支持者を増やそうと考えていた。実際に人々に望遠鏡のレンズを通して、月のクレーターや山を観察させた。

「月にこんなに山があるなんて、驚いたな……」

ガリレイの講演会は大好評《だいこうひょう》で、知識人や大学教授たちだけではなく、一般《いっぱん》の人々にも天文学に興味をもってもらうきっかけとなった。

しかしそうはいっても、アリストテレス学説に対する根強い支持は変わらなかった。

ガリレイは、トスカナ大公国のコジモ大公に気に入られ、宮廷数学者《きゅうていすうがくしゃ》としてフィレンツェに住んでいたが、哲学者や科学者からは多くの嫌《いや》がらせを受けた。彼らは、コジモ大公という強い後ろ盾《うしろだて》をもち、大衆にも人気があったガリレイを妬《ねた》んでいたのである。

ガリレイの立場は、つねに危《あや》ういところにあった。

1612年、ドイツのイエズス会士クリストフ・シャイナーが、太陽の表面にある黒い斑点《はんてん》を望遠鏡で観測した。彼はこれを「太陽黒点」と呼んだ。

シャイナーはアリストテレスを信奉《しんぽう》し、太陽は傷《きず》ひとつないものだと信じていたので、「黒点は太陽の周りをまわる小惑星だ」と発表した。

するとガリレイは、すぐさまこれに反論した。

「いや、これは小惑星ではない」

ガリレイは、自分自身で太陽黒点を観測し、すぐにシャイナーの誤《あやま》りに気づいたのだ。

しかし、アリストテレスに反する主張をしたことは、ガリレイを追《お》い詰《つ》めることになった。ガリレイは「アリストテレスと教会に背《そむ》いた異端《いたん》」と見られるようになったのである。

トマス・カッシーニという若い司祭は、自分の教会の祭壇《さいだん》で話をしているとき、「ガリレイは真実の信仰《しんこう》の敵《てき》である！」と名指しで非難《ひなん》した。

「なぜ、そんなことまで言われないといけないのだ。私は敬虔《けいけん》なカトリック教徒であり、神を疑《うたが》ったことなどない。ただ、真実を見ようとしているだけだ」

ガリレイは、それまで公の場ではコペルニクスの側につくことを避《さ》けるようにしてきたが、もはや抑《おさ》えがきかなくなっていた。

「地球は不動のものではない。太陽の周りをまわる一つの惑星《わくせい》にすぎない。つまり、コペルニクスの学説は正しいのです」

シャイナー支持者に対抗《たいこう》するために書いた短い本のなかに、そう書き入れてしまった。

すると1616年2月、ガリレイはローマに呼《よ》び出《だ》された。そこで待っていたベラルミーノ枢機《すうき》卿《きょう》は、険《けわ》しい顔でこう言い渡した。

「太陽は世界の中心にあって動かず、地球が動くという学説は絶対に教えてはいけません。もしも教えるつもりなら、あなたを訴《うった》えます」

もし逆《さか》らえば厳しい拷問《ごうもん》にかけられる恐《おそ》れがあることを、ガリレイもよくわかっていた。

「ご命令に従います。コペルニクスの学説に対する支持を取り下げ、そのような異端《いたん》の説を教えることもしません」

ガリレイはそう言って、その場をやりすごした。

「私が主張しなくても、いずれ教会の間違いは明らかになるだろう。科学の変革《へんかく》は誰にも止められないんだ」

やがてカトリック教会は、コペルニクスの地動説を禁じる布告を出した。コペルニクスの本『天球の回転について』は、訂正《ていせい》を加えて再発行するまで、閲覧《えつらん》が一時停止《いちじていし》された。

それからのガリレイは、教会との約束を守り、おとなしくしていた。すでに60代も後半となり、残された人生もわずかとなっていた。

沈《しず》みゆく太陽の光が、フィレンツェの街を真っ赤に照らしていた。

「太陽が地球の周りをまわっている。ほとんどの人はそう考えている。本当のことを知らなくていいんだろうか？　あとどれくらい秘密にしておいたらいいんだろう……」

ガリレイの頬《ほお》を大粒《おおつぶ》の涙《なみだ》が流れた。

「科学の真理は、神の真理である。どちらも神聖《しんせい》なものだ。その真理を伝えるのが、科学者の役目であるはずだ」

部屋に戻《もど》ったガリレイは、ろうそくの火をともし、ふたたびペンをとった。地動説の正しさをうったえる本を書くつもりだった。

「でも、できるだけ論争を避《さ》けたい……」

こうして書き上げたのが『天文対話』だった。

ガリレイはこの本を、地動説を信じるフィレンツェ人と、天動説を支持するアリストテレス信奉《しんぽう》者《しゃ》、それに中立の立場のフィレンツェ人という3人が、対話するかたちにした。

これを読んだ検閲官《けんえつかん》のリッカルディは、ガリレイに注文を入れた。

「序文《じょぶん》に、コペルニクスの学説は仮説でしかない、と加えなさい」

つまり、コペルニクスの学説を議論すること自体は許《ゆる》されるが、その内容は事実ではなく、ただの思想にすぎないと宣言《せんげん》しなければならなかったのだ。

「わかりました」

ガリレイは、「何よりもこの作品が出版されることが大事だ」と考え、言われた通りの言葉を加えることにした。

1632年2月、厳しい検閲をへた『天文対話』がフィレンツェで出版された。ガリレイは68歳になっていた。

するとこの本は、予想以上にガリレイの敵対者《てきたいしゃ》たちを激怒《げきど》させた。

「ガリレイの本をすべて押収《おうしゅう》しろ！」

本屋に置かれていたガリレイの本はすべて押収され、出版社には本の印刷《いんさつ》の差し止めと在庫本の没収《ぼっしゅう》が命じられた。

ガリレイには、ローマの異端審問所《いたんしんもんじょ》への出頭が命じられた。

「もうダメかもしれない……」

ガリレイは、これまでにない強い恐怖感《きょうふかん》に襲《おそ》われた。

1633年4月、ローマの法廷《ほうてい》で「ガリレオ裁判」が始まった。

「あなたは、1616年に、『コペルニクスの学説に対す支持を取り下げ、そのような異端《いたん》の説を教えることをしない』とベラルミーノ枢機卿《すうききょう》に約束しましたね？」

「はい」

「しかしあなたは、『天文対話』において、コペルニクスの学説を支持しているのではないですか？」

「いえ、この本は、プトレマイオスの天動説と、コペルニクスの地動説についての対話であって、コペルニクスの地動説を支持するものではありません」

「いや、あなたはコペルニクスの地動説を教え、議論しただけでなく、その理論を事実として信じている。これはベラルミーノ枢機卿との約束に明らかに反しますよ」

——そんなことはないはずだ。

ガリレイはそう反論しようと思ったが、もしここで自分が誤《あやま》っていたと認めなければ、拷問《ごうもん》にかけられると考えた。

「……私にはコペルニクスの地動説が正しいとする考えはありませんでしたが、たしかに、読者にそのような間違った印象を与《あた》える可能性があったかもしれません」

ガリレイは言葉を選びながら、注意深く答えた。その声は震《ふる》えていた。

6月22日、ガリレイは罪《つみ》を犯《おか》した者がつける白いガウンを身にまとい、審問官《しんもんかん》である枢機卿たちの前にひざまずいた。判決文がきびしい口調でゆっくりと読み上げられた。

「『天文対話』は禁書処分《きんしょしょぶん》。ガリレイに終身刑を申《もう》し渡《わた》す——」

死刑宣告《しけいせんこく》も覚悟《かくご》していただけに、死をまぬがれたことは、ガリレイを安堵《あんど》させた。

ガリレイは、異端審問所に集まった人々の前で、あらかじめ用意されていた宣誓文《せんせいぶん》を読んだ。

「私は、太陽は宇宙の中心にあって動かず、地球は宇宙の中心にはなく、動くという説を放棄《ほうき》します」

ガリレイは屈辱《くつじょく》のうちに、地動説を放棄《ほうき》すると言わされたのだ。

——それでも地球はまわっている……。

そんなつぶやきを、ガリレイは心の中に閉じ込めた。


ガリレイは高齢《こうれい》を理由に、囚人《しゅうじん》たちに囲《かこ》まれた牢獄生活《ろうごくせいかつ》はまぬがれたものの、自宅には1日24時間見張りがついて、監視《かんし》された。

ガリレイから家族や友人にあてた手紙は検閲《けんえつ》され、訪れる人はあらかじめローマからの許可《きょか》をもらわなければ、彼と話すことも許《ゆる》されなかった。

そんな生活の中、ガリレイは伝染性《でんせんせい》の眼病にかかり、両目の視力《しりょく》を失った。望遠鏡さえものぞくことができなくなったのだ。

「もはや私には、太陽も天体も観測することはできない。夜空を見上げても、月もなく、星もなく、ただの暗闇《くらやみ》だけがある」

そして1642年1月8日、ガリレイは苦難に満ちたその生涯《しょうがい》を閉じた。

その翌年、遠くイギリスで一人の男の子が生まれた。

彼の名は、アイザック・ニュートンといった。地動説のために戦ったコペルニクス、ケプラー、ガリレイらの遺志は、この男に引《ひ》き継《つ》がれることになる。

１６６４年、ケンブリッジ大学で学んでいた若きニュートンは、『天文対話』の英語訳を初めて目にする。

「ガリレイが言おうとしているように、地動説が正しいのだろう。でも、なぜ地球や惑星《わくせい》は太陽の周りをまわるのだろう……」

やがてこのニュートンが、地球と宇宙をつなぐ新しい物理の法則を発見し、いずれは見捨てられる運命にあった天動説にとどめをさすことになるのである。

重力を見つけた
ケンブリッジの賢《けん》人《じん》

ニュートン

彼は、すりきれた茶色い革のノート（通称「トリニティー・ノート」）をパラパラとめくった。そして真っ白いページを見つけると、その真ん中に小さな文字でこう書き記した。

――わたしはプラトンの友であり、アリストテレスの友だが、真理はもっとすばらしい友だ。

それは自分の科学者としての決意の表れだった。真理を友だちとすることは、簡単なようで簡単ではない。それを身にしみて感じていたのだ。

1663年、アイザック・ニュートンは、イギリス・ケンブリッジのトリニティー・カレッジ（現在のケンブリッジ大学）に入学して3年目を迎《むか》えていた。

大学の授業は、古典と呼ばれる学問にどっぷりつかったものだった。プラトンやアリストテレスの哲学《てつがく》に、修辞学《しゅうじがく》、論理学、倫理学《りんりがく》、歴史などである。

「プラトンやアリストテレスのことは尊敬《そんけい》しているけど、彼らのように五感に頼《たよ》っていてはだめだ。たくさんの解決すべき疑問《ぎもん》がある。空気、地球、物質、時間……。これらを解き明かしていくためには、実験による方法をとらなければ。そう、ガリレイがやったように……」

ニュートンは、講義で教わる古い学問よりも、ガリレイの『星界の報告』などに夢中になった。ガリレイが発見した真理の数々に、ひとり興奮《こうふん》していた。

「ガリレイは、重い物体は軽い物体より速く落ちるというアリストテレスの考えが誤《あやま》りであることを、実験によって証明した。落ちていく物体の速度は時間に比例し、その物体の重さとは無関係なんだ。『慣性《かんせい》の法則』もすごい発見だ。静止している物体は自然な状態にあるという昔ながらの考えを否定した。むしろ、直線上を動きつづける物体のほうが自然だとみなした。これはもちろん地上を転がる球にもあてはまるし、太陽の周りをまわる地球そのものにもあてはまるんだ」

ガリレイが発見した法則は、地上から宇宙まで、すべてに通用するものだった。ニュートンはそのことに感動をおぼえた。

いつしかニュートンは、ガリレイのように望遠鏡を夜空に向けて観察するようになった。

「……彗星《すいせい》だ！」

大学の教授や学生らがみな寝静《ねしず》まるなか、彼はひとり天体ショーに見入っていた。

「天体は、なぜこんな速さで天空を横切るんだろう……」

観察すればするほど、疑問はつきなかった。

１６６５年の春、ニュートンはほかのトリニティー・カレッジの学生25人とともに、無事に学位を取得し、卒業となった。

「私のもっともすばらしい友、真理を探究しよう」

ニュートンはそう意気込んでいた。

「すぐに逃《に》げろ！」

ニュートンがトリニティー・カレッジを卒業する頃、ロンドンは恐《おそ》ろしい病《やまい》に襲《おそ》われていた。

その病にかかると、ひどい頭痛とめまいに襲われ、手足がふるえ、わきの下と脚のつけ根がはれて、高熱を発する。最後に黒っぽい斑点《はんてん》が皮膚《ひふ》にあらわれ、多くの人が命を落とした。

悪名高い黒死病《こくしびょう》（ペスト）だった。

秋頃には、ロンドンの死者は週に８０００人を記録し、ロンドン市民は一斉《いっせい》に田舎《いなか》に散っていった。

10月、ケンブリッジ大学の評議会《ひょうぎかい》は大学の閉鎖《へいさ》を決定し、ケンブリッジの学生のほとんどは、個人指導員とともに都会から小さな村に避難《ひなん》して勉強を続けることになった。個人指導員をつける必要がなかったニュートンは、ただ一人、故郷《こきょう》のウールスソープの自宅に避難した。

「騒《さわ》がしいカレッジ生活よりも、よっぽどいいな。面倒《めんどう》な人づきあいもないし……」

そもそも人づきあいが苦手だったニュートンは、田舎での静かな暮らしを楽しんだ。

彼はすでにケンブリッジ大学での４年分の知識を身につけていて、新たに学ぶべきことはなかった。むしろ一人になって、あれこれ思いをめぐらせたいと思っていた。

そのとき、「トリニティー・ノート」は格好《かっこう》の遊び相手となった。そこには、４年間で書きためた、さまざまな疑問《ぎもん》が記されていたからだ。

「なぜ、物体はいつも下に落ちるのか」

「なぜ月は地球に落下しないのか」

「なぜ彗星《すいせい》は定期的に地球に接近するのか」

「なぜ惑星《わくせい》は軌道《きどう》を描《えが》くのか」

すぐには答えのわからない難問ばかりだった。

ニュートンは、昼間は庭園を観察してまわり、花が咲いて実がなるリンゴの木を見つめた。雨がやめば、なぜ虹《にじ》があらわれるのかと思いをめぐらせた。夜は、天空の星や惑星を観察した。

ニュートンはいくつかの論文を書き上げた。その中には、とても高度な内容の論文もあった。数学で「フラクション」（流率）と呼《よ》ぶ革命的な方法を示したもので、いまでは「微分法《びぶんほう》」と呼ばれている。これは、ある瞬間の変化を数学的にあらわす方法だ。曲線の下の面積を求めることもできる。「フラクション」を確立したニュートンは、このとき世界でもっともすぐれた数学者になっていたといっていい。まだ24歳の誕生日を迎《むか》える前のことだ。

この論文を発表すれば、とてつもない名声を得ることができただろうが、ニュートンにはまったくその気がなかった。それよりも、この新たな計算方法がもたらすであろうことにワクワクしていた。

「この方法を使えば、動いている物体についての問題を解くことができるはずだ。回転する惑星《わくせい》が描く弧《こ》を正確に計算することだってできるぞ」

ニュートンは、この計算方法を用いて、惑星の運動について考えることにした。そのとき参考にしたのが、ヨハネス・ケプラーが発見した惑星の運動の法則「ケプラーの法則」だった。

「ケプラーはブラーエの観測データを計算して、『惑星の軌道《きどう》は完全な円ではなく、太陽を一方の焦点《しょうてん》とした楕円《だえん》を描く』（第1法則）を明らかにした。このような楕円軌道をとれば、惑星の速度や太陽からの距離《きょり》はつねに変化する。でもケプラーは、なぜ惑星がそのような楕円軌道をとるのかを説明していない。ケプラーは、惑星には磁力《じりょく》があって、それが太陽の北極と引きあったり反発しあったりしているからだと考えていたが、その根拠《こんきょ》を示していない」

ニュートンは、ガリレイの大発見のことを思い出した。

「ガリレイが示した『慣性の法則』によると、運動している物体は、直線上を動き続ける。なんらかの力がはたらかないかぎり、そのままの速度でまっすぐ動き続ける。ガリレイは、この法則を使って、地動説に対する反対意見に反論した。地動説に反対する人たちは、『もし地球が動いているのなら、高いところから落とした石は、地球が動いたぶんだけ後ろに落ちるはずだ』と言った。これに対してガリレイは、『手からはなれるまえに、石にはすでに地球の回転による力が伝わっており、手からはなれても、その力はなくならない。つまり、手から落とした石は、2種類の運動をしている。ひとつは下方向の運動だが、もうひとつは地球の回転と同じ円運動である。だから、石は足元にまっすぐ落ちる』と答えたんだ。でもガリレイは、地球の円運動を『自然運動』と考えていて、これ自体が何なのかを説明していない」

そこでニュートンが参考にしたのは、フランスの数学者ルネ・デカルトの考えだった。

「デカルトは、惑星の円運動は『自然運動』ではないとした。円運動がなされるためには、なんらかの機械的な力がはたらいているはずだ。惑星がまっすぐに飛び去ってしまわずに太陽の周りを円運動しているのは、微細《びさい》な物質（エーテル）がうずまいていて、惑星を押《お》し戻《もど》しているからだと考えた。だけど、そのエーテルが何なのか、本当に存在するのか、確かめることはできない」

ニュートンは庭のベンチに腰掛《こしか》けながら、そんな過去の科学者たちの考えを見直し、真実を探ろうとした。

「偉大《いだい》な科学者たちでさえ、この問題に対しての決定的な真実にはまだたどり着いていないんだ。惑星を太陽の周りにつなぎとめる力とは、何なのだろうか？」

その日、ニュートンはリンゴの木の木陰《こかげ》に座って、考えごとをしていた。とてもおだやかな天気で、ときおり庭を通りぬけるそよ風が心地《ここち》よかった。1時間、2時間……。時を忘れて本を読んだり、ノートにメモをとったりした。

すると突然《とつぜん》、ドサっとなにかが芝生《しばふ》に落ちて転がった。真っ赤に熟《う》れたリンゴだった。

「リンゴか……」

ニュートンは、すぐに視線をノートに戻《もど》した。でも、なにかが気になって、すぐにリンゴの木を見上げた。

「……そうか」

ニュートンの頭にすばらしいひらめきが走った。

「リンゴは地球に落ちたのではない。リンゴは地球に引きよせられたんだ。つまり、地球の引力だ」

ニュートンは手早く考えをノートに記した。

「地上にある物体は重さにかかわらず、落下する。これは地球の引力（＝重力）のはたらきだ。物体は、慣性《かんせい》の法則により、ひとたび動き始めると、外からの力の作用を受けないかぎり、直線運動をする。リンゴは自然に運動すれば、地球からはなれて宇宙の底知れぬ深みへと去っていく。ところが、地球の引力のはたらきによって、リンゴは進路を変えて地面に落ちたんだ」

ニュートンの頭の中は、パズルが解けるように整理されていった。彼は、この「引力」を、惑星の軌道《きどう》にあてはめて考えてみることにした。

「地球の引力は、物体が地球の中心から離れても大幅《おおはば》に弱まりはしない。この引力は、地上にあるリンゴだけではなく、もっと高い山の上でも変わらないし、月くらい高いところでもそうなのではないか。そうだとしたら、月はこの地球の引力に影響《えいきょう》を受けることになる。月の軌道《きどう》は、地球の引力によって保たれているのかもしれない。たとえば、ひもに小石を結びつけて振り回すと、ひもがピンとはって、石が飛び去ろうとする力を感じる。この、中心から遠くへ離れようとする力が『遠心力』だ。月の遠心力が、地球から月にはたらく引力とつりあっているに違いない。だから月は地球の周りをまわりつづけるんだ」

引力をもつのは地球だけではない。ニュートンはそう考えた。

「どんな物体にも、ほかのものを引きつける力がある。地球がリンゴを引きつけるように、リンゴも地球を引きつける。そして、リンゴについて言えることは月についても言える」

ニュートンは、「この宇宙にあるあらゆる物質には重力が引力として作用する」という「万有引力の法則」を導《みちび》き出《だ》したのである。

この万有引力の法則をもとに、ニュートンはさらに新しい法則を見出した。それは、「引力は物体どうしが近いほど強く引きあい、その大きさは距離《きょり》の2乗に反比例する」(逆2乗の法則)というものだった。

「地球と月のあいだの引力は距離の2乗に反比例する。したがって、この引力は、距離が2倍になれば4分の1になり、距離が3倍になれば9分の1というように距離が遠くなるほど小さくなる。惑星を軌道に保っている力は、自転の中心からの距離の2乗に反比例するからに違いない」

そこでニュートンは、地球が月におよぼす引力と、月の遠心力がつりあうかどうかを計算してみた。この二つの力がつりあえば、月が地球の周りをまわり続ける理由が説明できるはずだ。だが、結果は、完全には一致《いっち》しなかった。

「なぜだろう……」

ニュートンは庭に転がったリンゴを見つめた。

この時のニュートンにはわからなかったが、数値が一致しなかった原因は、地球の大きさを小さく見積もりすぎていたことだった。

しかし、そうとは知らないニュートンは、計算紙を丸めて捨て、この研究はここまででやめてしまった。

1667年の春、ニュートンは2年ぶりにケンブリッジ大学に戻《もど》ってきた。

ニュートンは故郷ウールスソープに避難《ひなん》していた2年ほどのあいだに、微分法《びぶんほう》を確立し、万有引力の法則を思いつき、光学上のさまざまな実験も行っていた。しかし、友人らしい友人もいなかったので、それらの話を伝える相手がほとんどいなかった。

そんななか、ニュートンの才能を高く買っていたアイザック・バロー教授だけは、なにかとこの風変わりな若者を気にかけてくれた。

「ニュートンくん、面白い本があるぞ」

「なんですか?」

「これだ。キミならきっと気に入るはずだ」

バローはそう言って、ロンドンの数学者ジョン・コリンズから送られてきた1冊の本を見せた。

それは、ドイツの数学者ニコラス・メルカトルによって書かれた本で、「指数法」について述べたものだった。指数法は、難しい数学上の計算を簡単にする方法である。

ニュートンはそれを見てすぐに気づいた。

「これは、僕が考えた流率と同じですよ!」

「なんだって? 論文はあるのかね?」

「いえ」

「それなら、論文にして、見せてみなさい」

ニュートンは、ウールスソープで使ったノートを引っぱりだし、「解析《かいせき》について」という論文にまとめた。

バロー教授はそれを読んで驚いた。

「なんということだ！　キミのアイデアは、すでにメルカトルの考えをはるかに超えたところまで達している」

「ええ。メルカトルの発見は途中で終わっています」

ニュートンは冷静だった。

「これは、すぐにでも世の中に発表しなければいけないよ」

「はぁ……」

「これをコリンズに送って見てもらおう。いいかね？」

「でも、たいした論文ではありません。こんなものを発表したら、僕は笑い者です」

「なにを言っているんだ!?　バカにされるわけがないだろう」

「いえ、どうせバカにされます」

「それなら、名前をふせておこう。いいね？」

「……それなら構《かま》いません」

バローはなんとか自信のないニュートンを説得し、名前をふせたままコリンズに論文を送った。

それから数日して、コリンズがバローのもとにやってきた。

「あの論文を読んだよ。すばらしい論文だ！」

コリンズは論文を大絶賛《だいぜっさん》した。

「それはよかった。本人も自信になるだろう」

「それで、書いたのはどんな教授なんだい？　名前を教えてくれよ」

「いや、あれを書いたのは、教授ではない。まだ20代の若い研究員だよ」

「なんだって!?」

「名前は、アイザック・ニュートン……」

コリンズの高評価を聞いたニュートンは、論文に名前をのせて公表することに同意した。コリンズはすぐに国内外の数学の研究者に手紙を送って、ニュートンの研究を紹介した。

――ニュートンというすばらしい若者が、メルカトルを超える研究をしています。

こうしてニュートンの名前は、瞬《また》く間《ま》にケンブリッジ大学、そしてイギリスを飛び越えて、ヨーロッパ中に広まっていった。


1669年、バロー教授はイングランド国教会の牧師になるために大学をやめることになった。自分の後任にはニュートンを推薦《すいせん》した。

ニュートンは27歳にして教授となり、毎週、学生たちの前で講義《こうぎ》を行うことになったのである。

ところが、ニュートンの講義は学生から人気がなかった。あまりにも高度すぎたのだ。座《すわ》ってノートをとる者もおらず、ニュートンの講義室は空っぽのときもあった。

「ニュートン教授は壁《かべ》に講義をしている」

そんなひやかしもあったが、ニュートンは気にすることなく、自分の研究について熱心に語った。

このころのニュートンが熱心に取り組んでいたのは、光に関する研究だった。

日光の白い光線をプリズム（日光を分散させるガラス製の三角柱）に通過させると、壁に赤、橙《だいだい》、黄、緑、青、藍《あい》、紫《むらさき》の7色からなる「虹《にじ》」が映し出される。

「光は白色に見えるが、それはなんらかの理由で白色に変化しているのではない。この7色すべてがあわさって白色光がつくられているのではないか」

ニュートンはそう考えた。さらには、「7色は独自の方向に進むだけでなく、速さもそれぞれ独自の速さで進んでいる」ということも確かめた。

このような光の研究の成果は、のちに『光学』という本にまとめられ、発表されることになる。

またニュートンは、光の研究をもとに、反射望遠鏡《はんしゃぼうえんきょう》を設計した。手に収まるサイズでありながら、物体を40倍近くまで拡大《かくだい》できるものだ。

そのしくみは、小さな凹面鏡《おうめんきょう》で光（映像）をとらえ、二つめの鏡に反射させて接眼《せつがん》レンズに送るというものだった。

このしくみでは、「色収差《いろしゅうさ》」の問題があった。色収差とは、波長の異《こと》なる光線がレンズを通って同じ焦点《しょうてん》に集まらないときに虹《にじ》のようになり、映像がぼんやりする現象だ。

しかしニュートンは、鏡の原料に金属を使うことで、この問題を解決した。

「ニュートン式反射望遠鏡」の噂《うわさ》は、あっというまにイギリス中に広まった。チャールズ国王みずからがニュートン式反射望遠鏡を手に入れ、夜空を観察したほどだった。

こうした功績《こうせき》が認められ、ニュートンは王立協会の会員に選ばれた。

「王立協会が自分を仲間に入れてくれるとは……」

ニュートンにとって、反射望遠鏡の発明はたいして重要ではなかったが、王立協会の自然哲学者《しぜんてつがくしゃ》たちが自分を仲間として認めてくれたことには、大きな意味があった。

それまでのニュートンは、どこかよそよそしい態度で自信がなさそうだったが、これをきっかけに、自分の研究を堂々と発表するようになったのである。

王立協会の科学者たちも、「ニュートンの言うことなら、まちがっているはずはない」と、賛同《さんどう》してくれるようになった。


1684年8月のある日、突然《とつぜん》、一人の男がニュートンの研究室に現れた。

「こんにちは。王立協会のエドモンド・ハレーです」

ハレーは、すでに天文学分野で数々の業績をあげていた有名な学者だった。

ハレーのほうは、予告なしに訪問したので、ニュートンを警戒《けいかい》させるのではないかと恐《おそ》れていたが、ニュートンはハレーの訪問を喜んだ。

じつは、このころのニュートンは、以前にもまして孤独《こどく》な暮らしを送っていた。20年にわたってニュートンのルームメイトだったジョン・ウィッキンズが大学を去ったばかりだった。

ニュートンはさびしさを紛《まぎ》らわすために、よりいっそう仕事に没頭《ぼっとう》するようになっていた。

しばらく世間話をしたあと、ハレーはこう切り出した。

「じつは、同僚《どうりょう》のロバート・フック、クリストファー・レンと議論になっている問題がありましてね。ニュートン先生ならわかるかと……」

「なんでしょう？」

「惑星《わくせい》と太陽のあいだの引力は、どんな法則に従っていると思いますか？」

「距離《きょり》の2乗に反比例する」

ニュートンはためらうことなく答えた。

「そうですか。それは僕らの推測《すいそく》と同じですね。では、そうだとしたら、それぞれの惑星はどのような軌道をとりますか？」

「楕円《だえん》ですね」

「なぜわかるんです？」

「計算したからです。その問題には、もう10年も前に取り組みました。論文もありますよ」

面食らったハレーは聞いた。

「論文まで？　見せてもらっていいですか？」

「いいですよ」

ニュートンは、研究室の紙の山をかきわけて探しはじめた。ハレーはかたずをのんで待ったが、なにも出てこなかった。

「おかしいなぁ……」

「見つからないなら、いいですよ」

尊敬《そんけい》するニュートン相手ではあったが、ハレーは論文の存在を疑《うたが》わずにはいられなかった。

「いや、必ずどこかにあるはずです。論文を見つけたら、送りますよ。見つからなかったら、もう一度計算します」

「そうですか。それでは楽しみに待ちましょう」

それからハレーは我慢《がまん》強くニュートンからの便りを待った。しかし、1ヵ月たっても、2ヵ月たっても、なんの音沙汰《おとさた》もなかった。

「やっぱり、計算したというのはウソだったのかなぁ……」

3ヵ月がたった頃、ハレーのもとに9ページほどの論文が送られてきた。タイトルは「回転する物体の運動について」――。

「ニュートン先生からだ!」

ハレーはすぐに論文の内容に釘付《くぎづ》けになった。

「これこそ天才のなせるわざだ! 運動と、それに影響《えいきょう》を与《あた》える力の関係を、数学的に示している……!」

ハレーはすぐにケンブリッジをめざして馬車をとばした。ニュートンの研究室に飛び込むと、勢いよく彼の腕《うで》をつかんでこう言った。

「論文が見つかったんですね。すばらしい論文ですよ！」

「いやじつは、10年前の論文が見つからず、以前とは違う方法を用いて楕円軌道《だえんきどう》の問題を解き直したんです」

「あの複雑な計算を、たった数ヵ月で？」

「ええ、まぁ。あなたのためにやった、ごく簡単なものですよ」

「あの論文の内容について、もっとくわしく書いてくれませんか！　すべての科学者が読めるように出版すべきですよ！　今すぐにです！」

「出版ですって？」

ニュートンはハレーの熱意におされ、考える間もなく承諾《しょうだく》してしまった。

それから、9ページの「回転する物体の運動について」を見直し、加筆する作業が始まった。出版するにあたって、ただ加筆するだけではなく、きちんと実験をやり直す必要もあった。

ニュートンは、ケンブリッジの研究室に閉じこもり、実験を行った。

夜中の2時より前に寝《ね》ることはほとんどなく、明け方の5〜6時まで起きていることも珍《めずら》しくなくなった。4〜5時間眠《ねむ》ると、またすぐに仕事を再開する。出された食事に手をつけないこともしばしばだった。時々学寮《がくりょう》で食事をするときも、はきつぶした靴《くつ》とぼさぼさの髪《かみ》という姿《すがた》で現れた。

ニュートンは、その生活のほとんどを研究のために費やし、論文だけに集中していた。彼の想像《そうぞう》力《りょく》は、かつてないほどに解き放たれていた。

「この主題に取り組んでいる以上は、奥《おく》の奥まで知ってから論文にしたい」

ニュートンは、そんな手紙をハレーに送った。

実験結果がまとまると、ワシの羽根ペンにインクをひたし、何ページにもわたり書きなぐった。できあがった原稿は数回にわけてハレーに送られ、ハレーは原稿が届くのを毎回ワクワクして待った。

やがて、科学史上もっともすばらしい本の一つ、『自然哲学の数学的諸原理《しょげんり》（プリンキピア）』が完成する。

ニュートンは『プリンキピア』のなかで、何を語ったのだろうか。

「まず、ガリレイが述べた原理を引《ひ》き継《つ》ごう」

そう考えたニュートンは、まず第1法則をかかげた。

――ニュートンの第1法則「慣性《かんせい》の法則」。外からの力が作用しないかぎり、運動している物体は運動しつづけ、静止している物体は静止しつづける。

「慣性の法則によって、放っておけば惑星は太陽から永遠に遠ざかりつづける。それなのに、惑星は楕円軌道《だえんきどう》を描いて太陽の周りをめぐっている。なぜか？　そこで第2法則の出番だ」

ニュートンは、ここで第2法則をかかげた。

——ニュートンの第2法則「運動の法則」。物体の運動量の変化は、その物体に作用する力に比例する。

「つまり、第2法則でいえることは、軌道を描いている惑星は、太陽に向かって直角に引っ張られているということだ。惑星が外の宇宙空間に飛んでいってしまおうとする遠心力と、内側に引っ張る太陽の求心力が完全につりあっている。では、この太陽が惑星を引っ張る求心力とはなんなのか？　そこで第3法則だ」

——ニュートンの第3法則「作用・反作用の法則」。すべての作用にはつねに、それに等しく反対向きの反応がある。つまり、二つの物体が互《たが》いに及《およ》ぼす相互作用はつねに大きさが等しく、向きが反対である。

「ある距離をへだてて作用する重力は、もはや太陽と惑星、地球と月に特有なものとは考えられない。大きいか小さいかにかかわらず、存在するあらゆる物体にあてはまるものだ。重力は、あらゆる物体の普遍的《ふへんてき》な性質として、それぞれの物体がもつ質量（物質の量）のみに左右されるのだ」

ニュートンは、このことを次のように言い表した。

「あらゆる物質は、ほかの物質を、質量の積に比例し、そのあいだの距離《きょり》の2乗に反比例する力で引っ張る」

ここでニュートンは、「重さ」と「質量」の違いをはっきり区別した。

物質の「重さ」とは、「その物質が引力で引っ張られる度合いを測定したもの」だ。その値は地球の中心からの距離によって違ってくるので、ある物体の重さを高度の高いところ（高い山の上など）で測ると、「重さ」は少なくなる。しかし、質量とは、物体内の「物質の量」である。これは、どこに行っても変わらない。高い山の上でも、月の上でも、質量は変わらない。

「万有引力の法則」は、場所によって値の変わる「重さ」ではなく、どこにいても変わらない「質量」を基準として考えられたものだ。ニュートンは、こうして明らかにした「万有引力の法則」を、あらゆる自然現象に応用しようとした。

たとえば、太陽の周りで土星が描く軌道《きどう》についてだ。

「太陽と土星の相互作用《そうごさよう》を考えるだけなら、その軌道を求めるのは比較的《ひかくてき》やさしい。でも、この問題は、実はとても込み入ったものだ。土星の運動は、ほかの天体、とくに隣《となり》の惑星である木星の影響《えいきょう》も受けている。したがって、土星は太陽の周りで楕円《だえん》の軌道をたどるが、そのあいだに、わずかにふらつく。惑星の運動は、太陽だけでなく、周辺の星との関係も考えなければ解き明かせないんだ……」

こうした惑星の不規則な運動については、ニュートンはおよその答えを出すことができた。しかし、より正確な計算は、後世の科学者に引《ひ》き継《つ》がれた。

さらにニュートンは、「彗星《すいせい》も惑星と同じ重力を受けるに違いない」と推論《すいろん》したが、彗星の動きは惑星の動きよりもずっと複雑《ふくざつ》であることがわかった。

この彗星の理論は、ハレーに引き継がれることになる。

そうしたニュートンの発見をまとめた『プリンキピア』であったが、出版を前にして、ある問題が生じた。『プリンキピア』の出版のための費用は、王立協会が負担《ふたん》すると決まっていたが、資金不足を理由に、その決定がくつがえされることになったのだ。協会は、研究で忙《いそが》しいニュートンにかわって出版の準備を進めていたハレーに、そのことを告《つ》げた。

「すまない、ハレー君。王立協会の金庫が空っぽなんだ。我々《われわれ》にはどうしようもないことだ」

「なんですって!? こんな歴史的な本を出版しないなんて、許《ゆる》されませんよ」

そう言って、ハレーはみずから借金をして出版費用を負担した。

さらに、問題は続いた。

『プリンキピア』の第1部が出版されると、ロバート・フックが「自分の考えが盗《ぬす》まれた」と抗議《こうぎ》の声をあげたのである。

「逆2乗の法則は、自分が6年も早く発表していたものだ」

フックはそう手紙に書いて、ニュートンを批判《ひはん》した。

たしかに、逆2乗の法則をはじめに発表したのは、フックだった。しかし、法則の発見自体は、誰が最初だったかはわからない。それよりも重要なことは、逆2乗の法則を証明したのがニュートンだったということだ。ある仮説を唱《とな》えることよりも、その仮説を証明することのほうがもっと難しい。

ニュートンは、その難しい仕事を成《な》し遂《と》げた自分の功績《こうせき》を、ないがしろにされたように感じた。

フックの告発を受けたニュートンは憤慨《ふんがい》し、ハレーにこう言った。

「面倒事《めんどうごと》はもうごめんだ。『プリンキピア』の残りの部分の出版はとりやめるよ」

ハレーはあわててなだめた。

「なに言ってるんですか！　フックのことは気にすることはありませんよ。フックが望んでいることは、『プリンキピア』の序文《じょぶん》に自分の名前をあげてもらうことだけでしょう。それで彼の気はおさまるはずです。それだけなら、先生にも損《そん》はないでしょう」

「でも、自分の本にフックの名前なんてあげたくないよ」

怒りがおさまらないニュートンは、最終的にフックが触《ふ》れた部分をことごとく削除《さくじょ》しようとした。だが、それは『プリンキピア』のもっとも重要な部分だったので、ハレーは必死に説得し、思いとどまらせた。

こうして、どうにか無事に出版された『プリンキピア』だったが、とても難解な本であったにもかかわらず、イギリス国内はもちろん、各国の学者らから大絶賛《だいぜっさん》された。それまでに書かれたどの科学書をもしのぐ評判《ひょうばん》となった。

ニュートンは『プリンキピア』によって、地球上のことから宇宙にいたるまで、すべての物質は同じ法則によって支配されていることを示した。宇宙はもはや特別な世界ではなく、地上と同じ法則が成り立つ地続きの世界となったのである。

「この地球も、宇宙の一部なんだ」

人々はそう感じた。

それとともに、地球を宇宙の中心とする大動説は完全に否定《ひてい》されることになった。宇宙の一部にすぎない地球が、宇宙の中心であるはずがない。ニュートンの万有引力の法則によって、ついに、地動説が広く支持されるようになったのである。

『プリンキピア』の執筆《しっぴつ》により精神的《せいしんてき》な疲《つか》れをかかえたニュートンは、しだいに学問から距離をとるようになった。そして、国会議員、王立造幣局長《ぞうへいきょくちょう》、王立協会の会長などを歴任した。

晩年《ばんねん》のニュートンは、健康の悪化に悩《なや》まされ、少しでもきれいな田園の空気が吸《す》いたいという思いから、ケンジントンに引《ひ》っ越《こ》した。

おかげで体調は少し上向いたものの、1727年3月31日の早朝にニュートンはその生涯《しょうがい》を閉じた。84歳だった。

ニュートンは世を去る少し前にこう話していた。

「世間の人にどう見られているかは知らない。だが、自分は海辺で遊ぶ子どものようなものだ。ときには、なめらかな小石やきれいな貝がらを見つけて喜ぶこともある。でも、目の前にはまだまだ発見されていない『真理』という大海原が広がっているのだ」

ニュートンが真理を追究し、明らかにした宇宙の体系は、後世の科学者たちによって完成に近づけられていくのである。

科学の
先駆者たち

彗《すい》星《せい》の到来を予言した男

ハレー

「こんな幸せなことはない……」

アイザック・ニュートンの『プリンキピア』の出版をサポートすることになったエドモンド・ハレーは、その原稿《げんこう》に目を通す最初の読者となった。まだ世界中の誰も知らない、偉大《いだい》な発見に満ちたその記述に触《ふ》れる権利を得たのである。ページをめくるたびに、抑《おさ》えがたい感動が彼を襲《おそ》った。

――彗星《すいせい》も惑星《わくせい》と同じ重力を受けるに違いない。

『プリンキピア』の第3部にはそう書かれていた。

「彗星も太陽の重力を受けるということは、彗星は直線運動をするのではない。楕円軌道《だえんきどう》をとるんだ。僕の考えていたことと同じだ」

ハレーは、一人うなずいた。

またニュートンは、彗星の動きは惑星の動きよりもずっと複雑になる可能性を指摘《してき》していた。

――彗星は急なカーブを描く道筋《みちすじ》を進むと考えられる。彗星は太陽のまわりで円錐《えんすい》曲線上を進む。

ハレーは彗星の動きを想像した。

「彗星は、とても細長い楕円でまわっているということか。しかし、本当にそうなのか、これまでの過去の彗星の動きを調べてみる必要がある。僕が観測した、1682年の彗星だけでは不十分だ……」

ハレーは書斎《しょさい》に積み上げられたあらゆる天文書をひっぱりだし、古代から記録された彗星について調べることにした。

そして、『プリンキピア』の出版の準備をしながら、過去数百年のあいだに出現した24の彗星に関するする巨大なデータベースをつくりあげた。

すると、奇妙《きみょう》なことに気づいた。

「これはどういうことだ？　この３つの彗星の軌道は、ほとんど同じではないか？」

ハレーの頭の中で、星の謎が解かれようとしていた。


その10年ほど前の、１６７５年のこと。

「なんだと⁉　木星と土星の位置を示す図が間違っているだと！」

イギリスの王室天文官ジョン・フラムスティードは、一通の手紙を読んで激怒《げきど》した。その手紙は、王室が公式に出版している天文学の図書の間違いを指摘していた。

それだけではない。その手紙は、デンマークの有名な天文学者ブラーエによって示された星の位置のなかにも、いくつかの誤《あやま》りがあると指摘《してき》していた。ブラーエは、精密《せいみつ》な観測をしたことで有名で、その観測データをもとに助手のケプラーが「ケプラーの法則」を発見したことでも知られる。

「念《ねん》のため、確認してみるか……」

フラムスティードは気を取り直して、間違いを指摘された箇所《かしょ》を調べ直してみた。

「何ということだ……たしかに、手紙の指摘の通りかもしれない。こんな間違いに気づくとは、いったい何者なんだ？　……エドモンド・ハレー？　知らない名前だな」

後日、フラムスティードは手紙の主を呼《よ》び出《だ》した。

「こんにちは。エドモンド・ハレーです」

「キミか？　ハレーというのは。まさか、こんなに若い青年とは」

「オックスフォードのクイーンズ・カレッジの学生です」

「学生!?　年齢《とし》はいくつだ？」

「18です」

「驚《おどろ》いたよ……」

唖然《あぜん》とするフラムスティードに、ハレーは少しはにかんで見せた。

「ところで、手紙の件だが、キミの言う通りだ。木星と土星の位置は間違っていた。よくぞ気づいてくれた。感謝するよ。キミはきっと、惑星《わくせい》に詳《くわ》しいのだろうね」

「今は、惑星の軌道についで研究しています。ヨハネス・ケプラーは、どの惑星の軌道《きどう》も楕円《だえん》であることを明らかにしましたが、その楕円の形が、惑星によってどう違うかを調べています」

「なるほど」

「地球の軌道はほとんど真円と変わりないですが、火星の軌道は明らかに横にのびた楕円になっています」

「それは面白そうな研究だね」

フラムスティードは腕組《うでぐ》みをしてうなずいた。

「……その論文がまとまったら、私に見せてくれたまえ。内容がよければ、王立協会の『フィロソフィカル・トランスアクションズ』誌に掲載《けいさい》しよう」

「ほんとですか？」

ハレーは跳《と》び跳《は》ねるように帰っていった。

後日、論文を書き上げたハレーは、ふたたびフラムスティードの研究室を訪れた。フラムスティードは険《けわ》しい表情で論文を読んだ。

「これではまだ書き直しが必要だな。これを公表したら、きっと専門家の反対意見にさらされる」

「僕は、誰かと対立したいとは思っていません。必要なら、いくらでも書き直します」

「そうか。キミはまだ若い。地位をかためるまでは、自分の主張は慎重《しんちょう》にしたほうがいい」

ハレーは、フラムスティードのアドバイスに沿《そ》って何度も書き直した。そして、１６７６年に論文を発表した。その論文は注目を集め、天文学界でハレーの名が知れ渡るようになった。


南大西洋に浮《う》かぶイギリス領の島、セント・ヘレナ島――。

「今日もだめか……」

観測機材をのぞき込んでいたハレーは、そうつぶやいて深いため息をついた。しかし、空は厚《あつ》い雲に覆《おお》われた日が続いていた。

「星が見えないことには、どうしようもない。こんな大変な観測になると思ってなかったよ」

ハレーは恨《うら》めしそうに空を見上げた。

このセント・ヘレナ島遠征《えんせい》は、フラムスティードの提案《ていあん》で実現したものだった。フラムスティードは、北半球の星座表を完成させていたが、まだ南半球の星座表は誰もつくっていなかった。そこで、「キミがつくったらどうだ?」とハレーにすすめたのだ。

遠征には大金が必要だったが、フラムスティードのはたらきかけで、国王チャールズ2世が遠征を支援《しえん》してくれることになった。また、ハレーの父も「息子の好奇心《こうきしん》を満足させてやりたい」と、当時の最高の観測機材を購入してくれたのだ。

1676年、ハレーは人々の期待を背負《せお》って遠征に出かけた。

「ヨーロッパの船乗りたちは、南の海の地図は持っているけど、自分たちの頭上に広がる星座については、誰一人関心がない。僕が、地球の南半分の星座表をつくって、持ち帰ってみせる」

ハレーは、ユニティ号の船上で星空を見上げながら、そう誓《ちか》った。

3ヵ月の航海をへて、ハレーはセント・ヘレナ島に上陸した。ところが、島の天気は思いのほか悪く、数週間も根気よく待って、ようやく1時間の観測ができるだけというようなこともあった。

しかし、そんな状況のなかでも貴重な観測があった。太陽面を横切る水星を観測したり、南半球には北の北極星のような極星にあたる星がないことを明らかにするなど、いくつかの成果を得ることができたのだ。

こうして観測を終えたハレーは、1678年、無事にイギリスに帰国した。そして翌年《よくねん》、南半球の

341個の恒星《こうせい》を記録した星図『南天の恒星カタログ』を完成させた。そこには、ヨーロッパでは観測できない多くの星座が記録されていた。これが王立協会で紹介され、その業績がたたえられた。

ところが、ハレーが大学に戻《もど》ろうとすると、オックスフォードのクイーンズ・カレッジはこれを許《きょ》可《か》しなかった。

「必須課程《ひっすかてい》を終える前にセント・ヘレナへ出発してしまった以上、学位を取得するために本学に戻ることは許《ゆる》されない」

大学側はそう言って、勝手な行動をとったハレーを締《し》め出《だ》そうとした。

すると、またしてもハレーを助けてくれる人物が現れた。チャールズ2世である。国王のはたらきかけで、ハレーは無事にオックスフォード大学の学位を取得することができた。それと同時に、22歳という若さで王立協会の会員にも選ばれたのである。

「あっ、彗星《すいせい》だ！」

1680年、ハレーはイギリスとフランスの海峡《かいきょう》をわたる船上から、巨大《きょだい》な彗星を見つけた。

すると、ハレーの声を聞きつけた船員や乗客が甲板《かんぱん》に集まってきた。

「どこ？」

「あそこですよ」

ハレーの指差した方向の雲の切れ間には、彗星が光り輝いていた。

「こりゃ大変だ！」

「怖《こわ》いわね。彗星は神の怒りのしるしだって言うもの」

「きっと、なにか恐《おそ》ろしいことが起きる兆候《ちょうこう》だよ」

人々は口々にそう言って、身を縮めて船内に戻《もど》っていった。

「……そんなことはないですよ」

ハレーはそう言ったものの、その言葉は誰の耳にも届《とど》いていなかった。

この時代、ときおり夜空にあらわれる彗星は、なにかの前ぶれ、神の怒りのしるしなどと考えられていた。長い尾をひいて夜空にあらわれるその姿《すがた》が、あまりにも不気味にうつったのである。

しかし、ハレーはもちろんそんなことは信じておらず、彗星は科学的な興味の対象でしかなかった。ハレーは、彗星があらわれた位置、尾の長さなど、その特徴《とくちょう》をすばやくノートに記録した。しかし、目視《もくし》で見えることには限界がある。

「やっぱり観測機材がないとダメだ。でも、イギリスに戻《もど》ってからでは、消えてしまうかもしれない。……そうだ、パリ天文台に行って、観測させてもらおう」

ハレーは、フランスに到着《とうちゃく》すると、すぐにパリ天文台に向かった。

「すみません。天文台の責任者に会わせてもらえませんか？」

「どなたですか？」

「イギリスから来たエドモンド・ハレーといいます」

「ハレーさん？　お約束ですか？」

最初に応対した天文台の職員は、不審《ふしん》がった様子で聞いた。

「いえ。でも、どうしてもお願いしたいことがあって……」

しばらく待っていると、黒髪を長く伸《の》ばした男性があらわれた。

「ハレーさん！　遠いところをよくいらっしゃいました。あなたのことはよく存じ上げていますよ。

『南天の恒星《こうせい》カタログ』は、私の宝物です」

「それはよかった」

「申《もう》し遅《おく》れました、私はここの天文台長のジョバンニ・ドメニコ・カッシーニです」

その名を聞いて、ハレーは驚いた。

「カッシーニさんですか？　あの火星の自転の速度を計算したという」

「そうです」

二人は初対面ではあったものの、研究を通してお互《たが》いのことをよく知っており、すぐに意気投合した。カッシーニはイタリアで活躍《かつやく》していたが、フランスの国王ルイ14世に招《まね》かれ、新しくできたばかりのパリ天文台の初代台長を務めていたのだ。

「ここで土星の研究をしておりまして、土星の衛星《えいせい》を2つ発見しました。イアペトゥスとレアです」

カッシーニは、得意そうに説明した。彼は、のちに土星の衛星をさらに2つ（テティスとディオネ）発見することになる。

「すばらしい！」

「それから、土星の輪は複数あって、その間に隙間《すきま》があるんですよ」

「そうなんですか？　土星はじつに個性的な惑星なんですね」

ハレーは自分の訪問目的も忘れて、カッシーニの話に聞き入った。

「ところで、今日はどんなご用で？」

「あぁ、そうでした！　実は、ここの天文台の機材を使わせていただけないかと思いましてね。フランスに来るときの船上で彗星《すいせい》を発見したんですが、それを今すぐ観測したいのです」

「もちろん、いいですよ。ここにある機材に、それから蔵書《ぞうしょ》も自由に使ってください」

「それは、ありがたい」

こうしてハレーは、パリ天文台でじっくりと彗星の観測を行うことができた。また、この滞在中《たいざいちゅう》にはカッシーニと多くの意見交換《いけんこうかん》を行い、大いに刺激《しげき》になった。

「観測は、うまくいきましたか？」

「ええ、おかげさまで。いいデータが集まりました」

「ところで、これは私の仮説にすぎないのですが……」

そうカッシーニが、おずおずと言った。

「なんでしょう？」

「今回の彗星は、１５７７年に観測された彗星と同じものではないでしょうか？」

カッシーニの言葉に、ハレーは驚《おどろ》いた。

「同じ彗星？　そんなことあるはずがないですよ。彗星は直線で進み、一度あらわれたら二度とあらわれませんから」

それでもカッシーニは続けた。

「そうです。そう言われていますね。しかし、私の考えでは、彗星は巨大《きょだい》な円を描いて回っているのではないかと思うのです」

「円を描いている⁉」

それは、ハレーが想像もしていなかった仮説だった。

「1665年の彗星も同じものかもしれません」

「つまり、今回の彗星と1665年の彗星と1577年の彗星が同じものだと？」

「この3つの彗星は、まったく同じ経路をとり、速度もほとんど同じです。それなのに、違う彗星と考えるほうがおかしくありませんか？」

「たしかに……」

「ご存じですか？　アフリカのバンツー・カビロンド族のあいだでは、『同じ彗星が長いときをへて地球に帰ってくる』と語《かた》り継《つ》がれているんですよ」

カッシーニはそう言って微笑《ほほえ》んだ。

にわかには信じがたい説だったが、カッシーニの話には説得力があった。

「いつか確かめてみましょう」

ハレーはそう言って、カッシーニと別れた。

その2年後の1682年、ふたたび巨大彗星があらわれた。

「今度の彗星は前よりは小さいな……」

ハレーは彗星の経路や速度を観測し、ノートに記録した。この彗星の記録とカッシーニの助言が、のちに大発見をもたらすことになる。

ハレーには天文学者の友人がいた。同じ王立協会のメンバーである、クリストファー・レンとロバート・フックである。3人は王立協会の会合が終わると、必ずコーヒーハウス（喫茶店《きっさてん》）に立ち寄《よ》り、議論するのが日課となっていた。

「惑星《わくせい》の動きには、法則があるのだろうか？」

このころ彼らは、惑星の動きについて関心を高めていた。

フックは、二人に自分が発見した「惑星と太陽のあいだの引力は距離の2乗に反比例する」という法則について話した。のちにニュートンが証明することになる、「逆2乗の法則」である。しかしこれは、フックが直感で導《みちび》いた法則で、きちんと数学的に立証したものではなかった。

「へぇ、おもしろい法則だな。よし、この法則を2ヵ月以内に立証できた人には、私が所有している40シリングまでの本ならどれでも報酬《ほうしゅう》として贈呈《ぞうてい》するよ」

レンは、そんな提案《ていあん》をした。

「よし、僕がやってみよう」

ハレーは自信がなかったが、そう言ってわざとフックをたきつけた。

するとフックは、「僕はもうすでに立証《りっしょう》してるよ」と、二人を見た。

「それなら証拠《しょうこ》を見せてくれよ」

レンは問《と》い詰《つ》めた。

「いいだろう。2ヵ月以内にお見せしよう」

しかし、約束の2ヵ月をすぎても、フックからは何の答えも得られなかった。

すると、レンはハレーにこう持ちかけた。

「フックの回答を待ってたら、いつになるかわからない。どうだろう、ニュートン先生に聞いてみたら？」

「僕もそう思っていたんだ。彼なら証明できるかもしれない」

こうして、1684年8月、ハレーはケンブリッジのトリニティ・カレッジにあるニュートンの研究室を訪れることになるのである。

そのときニュートンは、すでに「逆2乗の法則」を発見していて、そこから、惑星《わくせい》の軌道《きどう》は楕円《だえん》の形をとることを導《みちび》いていた。しかも、そのことを数学的に立証していたのである。

ニュートンはこの発見をもとに、『自然哲学の数学的諸原理（プリンキピア）』を完成させる。これは、ハレーのすすめによって生まれたもので、ハレーがいなければ、後世に残されなかったかもしれない。

『プリンキピア』の第3部には、彗星《すいせい》に関する記述があった。

「ニュートンは、彗星についてもこんなに研究していたとは……」

ハレーは、ニュートンの研究範囲《はんい》の広さと、その洞察力《どうさつりょく》の鋭《するど》さにあらためて驚《おどろ》いた。

ニュートンは、ハレーがパリ天文台で観測した1680年の彗星について、ロンドンやアビニョン、ローマ、ボストン、ジャマイカなど、世界各地から収集したデータを分析《ぶんせき》していた。それらのデータにもとづき、彗星の軌道《きどう》は放物線になると予想していた。

さらにニュートンは、彗星の歴史を調べることによって、彗星が太陽と逆の方向よりも、太陽に近いほうの空に見られることが多いことに気づいていた。

——1680年の彗星もそうだが、彗星は太陽に近いほうの空にあらわれる。彗星は太陽を中心とした軌道をとり、太陽にもっとも近いときに輝く。

ニュートンはこのように指摘《してき》していた。

またニュートンは、ブラーエが「彗星が惑星のあいだを運行する」と示していたことを参考に、「彗星は惑星と同じ種類の軌道（円錐《えんすい》曲線）をもっている」と主張した。

これらのニュートンの記述を読んだハレーは思った。

「彗星の尾は、彗星から宇宙空間に放たれる煙《けむり》が、太陽の光によって反射したものではないか」

ハレーはニュートンの『プリンキピア』をきっかけに、ますます彗星《すいせい》への興味を深め、独自に彗星の研究を始めた。

ハレーがもっとも関心をもったのは、彗星の軌道だった。

「ニュートンは、彗星は円錐《えんすい》曲線の軌道《きどう》を描いていると言っている。だが、円錐曲線といっても、いろいろある。円なのか、楕円《だえん》なのか、それとも双曲線《そうきょくせん》か……。カッシーニは円だと言っているし、楕円説や双曲線説を唱《とな》える研究者もいる。いったいどれが正しいんだ？」

彗星の軌道は、すべて地球から観測できるわけではない。彗星が描く長い軌道のなかで、地球から見ることができるのは、わずかな期間だ。

「地球から観測できる小さな弧《こ》だけで、全体の軌道を推測するのはとても無理だ」

ハレーは、地球から見えないときの彗星の軌道を再構築するという課題に取り組んだ。

「どんな古い記録でも集めよう。古代のプリニウスやセネカまで、使えるデータはすべて使おう」

ハレーは、いくつもの彗星の軌道のデータを集め、分析《ぶんせき》していった。

すると、奇妙《きみょう》なことに気がついた。

ニュートンの「万有引力の法則」を使って１６８２年の巨大彗星《きょだいすいせい》の軌道を計算すると、非常に細長い楕円形の軌道になることがわかった。ほかの彗星も同じように軌道を計算してみると、１６８２年の彗星の軌道は、１５３１年と１６０７年にあらわれた彗星の軌道によく似《に》ていた。

「これはどういうことだ？　この３つの彗星の軌道は、ほとんど同じではないか？」

３つの彗星は、その軌道の傾《かたむ》き、もっとも太陽と近いときの距離《きょり》、方角などがほぼ同じだったのだ。ハレーは、カッシーニが言っていた、アフリカのバンツー・カビロンド族の言い伝えを思い出した。

——同じ彗星が、長い時をへて地球に帰ってくる。

「これは別々の３つの彗星が地球のそばを通ったのではなく、同じ彗星が３回観測されたということかもしれない。彗星は楕円軌道を描いて定期的に地球に近づいてくるのではないだろうか。それならば、彗星の出現には周期性があるはずだ」

計算してみると、１５３１年と１６０７年の出現の間隔《かんかく》は、１６０７年と１６８２年の出現の間隔より１年以上長かった。

「周期が少しずれてる。これはどういうことだ？　やはり違う彗星なのか？」

ハレーは、ニュートンの『プリンキピア』を読み返した。

「そうだ！　ニュートンが言っているじゃないか。彗星の周期の変化は、未発見の彗星や惑星の引力の影響《えいきょう》によって生じると……。木星と土星は互《たが》いの引力の影響を受けて、軌道の乱れが生じる。これと同じように、小さな彗星の軌道は、ほかの彗星や惑星の影響を受けるにちがいない」

そう考えたハレーは、すぐに、彗星の動きに対する木星と土星の引力の影響を概算《がいさん》してみた。すると、木星と土星の引力によって、１５３１年と１６０７年と１６８２年の彗星の軌道におけるわずかな差異が、ちょうど説明できることがわかった。

「1531年と1607年と1682年の彗星は、どれも同じ彗星の訪れなんだ。彗星は、すべての旅人と同じように、まわり道をして遅《おく》れることがあるんだ」

ハレーの彗星に関する研究は、膨大《ぼうだい》な仕事となった。1337年から1698年までの300年以上のあいだに太陽のそばを通過した彗星の軌道を、すべて明らかにしたからである。

「彗星の軌道は、惑星のようにははっきりした秩序《ちつじょ》をもっていない。だから動きがまちまちなんだ。逆行したり、順行したり、どのようにでも動く。1680年の大彗星などは、太陽をあやうくかすめるところだった。反対に、1682年の彗星などは、もっとも遠いとされる土星の軌道よりも、ずっと遠くを通過している」

ハレーは、この彗星の研究結果を『彗星天文学の概要《がいよう》』として1705年に発表した。そしてそれは、ニュートンが明らかにした「万有引力の法則」を応用して天文学上の謎《なぞ》を解いた、初めての成果となったのである。

ハレーはオックスフォードの幾何学《きかがく》教授を務めたほか、1720年にはフラムスティードの後任として、王立グリニッジ天文台の第2代台長となり、その生涯《しょうがい》を研究に捧《ささ》げた。

1742年1月14日、ハレーは85歳で亡《な》くなった。彼は亡くなる直前までグリニッジ天文台で天体観測を続けていた。

彼は、彗星との再会を果たそうとしていたのかもしれない。実はハレーは生前、こんな予言をしていたのだ。

「１５３１年と１６０７年、そして１６８２年にあらわれた彗星は、75年か76年後に地球に戻ってくる。つまり、１７５８年のクリスマスのころ、夜空に戻ってくるだろう」

この予言は、当時はそれほど注目されなかった。なぜなら、それは半世紀以上もあとのことで、この予言を知った人のほとんどは、自分の目で次の彗星の再来を確認することは不可能だとわかっていたからだ。

そして、１７５８年のクリスマスの夜――。

ドイツの熱心なアマチュア天文家のヨハン・パリッチは、その日、あるものを探して夜空を見上げていた。長い尾をひいた白い輝きを見つけた瞬間、彼は思わず叫《さけ》び声《ごえ》をあげた。

「見えたぞ！　ハレーの予言通りだ！」

彗星は、ハレーの予言通りの位置に、予言通りの時間にあらわれたのだ。

「ハレーの予言が的中した！」

パリッチは大急ぎで世界中にこのことを知らせた。

これをきっかけに、世界中の人がこの彗星を目撃《もくげき》した。今度は誰も恐《おそ》れることはなかった。彗星は神の怒りなどではない。周期的に地球に接近するものなのだ。予言通りの彗星の出現は、それまで蔓《まん》延《えん》していた迷信《めいしん》から人々を解放する手助けとなった。

やがてこの彗星は、「ハレー彗星」と呼《よ》ばれるようになった。

ハレー彗星の再来は、宇宙が規則《きそく》正しく動いているという、ニュートンの見解を人々に力強く印象づけることにもなった。

その後の研究から、ハレー自身も知らなかった彗星の正体がわかってきた。

ハレー彗星の軌道《きどう》の遠日点《えんじつてん》（太陽からもっとも遠い位置）は約53億キロメートルであり、海王星の軌道の外側にある。彗星は、長いもので数億キロメートルにおよぶ輝く尾をもつ。ハレー彗星の尾も、少なくとも２２００万キロメートルとされ、頭の部分だけでも半径10万キロメートルが輝き、とても大きな物体に見える。

しかし、このような大きさは見かけだけで、彗星の本体である核《かく》は、宇宙空間に浮《う》かぶ直径わずか数キロメートルの、「泥《どろ》まみれの雪のかたまり」と表現される岩石と氷、凍ったガスの集合体である。その核が太陽に近づいたときだけ、その泥まみれの雪が太陽の熱によって昇華《しょうか》し、彗星の頭や尾をつくるのだ。

ハレー彗星はそれから１８３５年、１９１０年に出現し、近年では１９８６年に出現した。つぎにハレー彗星があらわれるのは、２０６１年である。

科学の
先駆者たち

もう1つの惑星を求めて

ハーシェル、トンボー

「なんだろう、あの星は？」

「どうしたの？」

「おうし座ゼータ星の近くに、別の大きな星が見える。下のほうがぼやけた奇妙《きみょう》な星だ」

「彗星《すいせい》かしら？」

「どうだろう……」

1781年3月13日の夜、イギリス・ロンドンの郊外《こうがい》の家の庭で、二人の若者が星の観測をしていた。一人は兄のウィリアム・ハーシェルで、もう一人は妹のカロリーネだ。

ハーシェルはドイツ生まれで、戦争を逃《のが》れてイギリスにわたり、オルガン奏者《そうしゃ》として生計をたてていた。しかし、しだいに望遠鏡《ぼうえんきょう》の製作《せいさく》と天体観測に熱中するようになり、その観測にカロリーネが加わるようになったのだ。

二人の役割は決まっていた。

ハーシェルが真っ暗な庭に望遠鏡を立てて星空の様子を説明し、それを家の中のランプの明かりを頼りに、カロリーネがノートに記録する。星を観測するにはランプの光が邪魔《じゃま》になるので、自然と二人の居場所は離れた位置になった。

望遠鏡はハーシェルの自作で、焦点距離《しょうてんきょり》約2メートル、口径《こうけい》15センチメートルという高性能の反射望遠鏡だ。彼らは、この望遠鏡でしか見えない暗い恒星《こうせい》を探しては、位置を星図に記録していた。

先ほど見つけた奇妙な星は、それまでの記録を確かめてみても見当たらない、初めて見る星だった。

「明日もこの星を観測してみよう」

「そうね」

それから二人は、数晩にわたってその星を観測した。

「位置が昨日と違う」

「なんの星かしら？」

「円形をしていて惑星《わくせい》のように見える。でも、太陽系の惑星は水星、金星、地球、火星、木星、土星の6つだけのはずだ。位置からして、あの星は、それらの星のいずれにもあてはまらない」

「どうする？」

「専門家《せんもんか》に報告しよう」


ハーシェルはこの星を「彗星《すいせい》」と予測していた。そのため「ある彗星に関する報告」という論文にまとめ、彼の知人でもあった王立協会の天文学者ワトソンと、グリニッジ天文台長マスケリンに報告した。

彼らも、これを「彗星」だと考えた。

「でも、彗星のわりには彗星の性質を一切《いっさい》もっていないんだよな」

ワトソンは困《こま》った顔で言った。

ハーシェルの報告は、ヨーロッパのおもな天文台へ伝えられた。そこで、星の詳《くわ》しい軌道計算《きどうけいさん》が行われた。その結果は、誰もが驚《おどろ》くものだった。

「ハーシェルくん、キミは新しい惑星《わくせい》を発見したようだ」

「新しい惑星!?」

「あの星は、太陽系内で第7番目の惑星だよ。キミはとんでもないものを発見してしまった」

マスケリンの知らせに、ハーシェルは唖然《あぜん》とした。

「あの惑星の軌道はほとんど円形の楕円《だえん》をしていて、土星の軌道のさらに外側にある」

「土星の外ですか?」

太陽系の惑星が新たに「発見」されたのは、初めてのことだった。

太陽のように自ら光り輝く星を「恒星《こうせい》」といい、その恒星の周りをまわる星が「惑星」だ。水星、金星、火星、木星、土星の5つの惑星は、いずれも肉眼《にくがん》でほぼ見える。そのため、大昔から知られており、惑星が新たに発見されることなどありえないと考えられていた。ところがハーシェルは、高性能の望遠鏡によって、望遠鏡でないと見えない惑星を発見したのである。

この惑星の名前は「天王星」と命名され、この年の11月にハーシェルは王立協会からメダルを授与《じゅよ》された。ほかの国々からも多くのメダルが贈《おく》られた。

天王星の発見は、天文学者たちを喜ばせた。なぜなら、「ティティウス・ボーデの法則」とほぼ合《がっ》致《ち》していたからだ。

この法則は、1766年にドイツのヴィッテンベルク大学の教授であったヨハン・ティティウスが発見した、惑星の太陽からの距離《きょり》に関する法則である。これをドイツの天文学者ヨハン・ボーデが広めたため、「ティティウス・ボーデの法則」と呼《よ》ばれる。

この法則は、地球の太陽からの距離を1としたとき、それぞれの惑星の太陽からの距離を算出するものだ。「0・4、0・7、1・0、1・6、2・8、5・2、10・0、19・6、38・8、77・2」という10個の数字で、これは「水星、金星、地球、火星、木星、土星の太陽からの距離」とほぼ一致する。そして、天王星の実際の距離は19・2であり、この法則の「19・6」という数字である。

「惑星は6個しかないと思われていたのに、7個目の惑星が見つかった。だとしたら、まだ新しい惑星があってもおかしくないはずだ」

天文学者たちはそう思った。望遠鏡が普及《ふきゅう》したこともあり、天王星に続く新たな惑星を探そうとする人たちが大勢あらわれた。

ハーシェルが天王星を発見したあと、実はハーシェルよりも前に、1690年から13回にもわたって天王星が観測されていたことが分かった。さらに、これらの観測データから天王星の軌道《きどう》を計算してみると、かすかではあるけれども天王星がふらついていることも分かった。

このことについて、「太陽からこれほど遠く離れたところでは、ニュートンの万有引力の法則が成り立たないのではないか」と考えた天文学者もいたが、その考えはすぐに否定《ひてい》された。より有力な仮説が、多くの学者の支持を得たからである。その仮説とは、このようなものであった。

「天王星の外に未発見の惑星があり、その惑星が及《およ》ぼす重力の影響《えいきょう》で、天王星の位置がずれているのではないか」

新たな惑星が存在する可能性が、がぜん高まったのである。

1845年、イギリスの無名の若い数学者ジョン・カウチ・アダムズは、独自の計算から未発見の惑星の予測位置を割り出した。

彼はすぐにイギリスの王立天文台長サー・ジョージ・エアリーのもとを訪れ、報告した。

「私の計算によると、このあたりに8番目の惑星があるはずです」

「8番目の惑星？　ほんとかね？」

「必ずあるはずです。探索《たんさく》してもらえませんか？」

しかし、エアリーはこの若い数学者に取り合おうとしなかった。

「そんな仕事は、天文台長の仕事には入っていないんだよ。できませんね」

「でも、ほんとにあるんです……」

アダムズはがっくりして帰っていった。

その翌年、フランスの天文学者ユルバン・ジャン・ジョゼフ・ルヴェリエは、惑星の計算を行い、アダムズと同じ結果を導《みちび》き出《だ》した。

9月23日、ルヴェリエはその予測結果をベルリン天文台の副台長ヨハン・ゴットフリート・ガレに伝えた。

「いいでしょう。さっそく今夜、観測してみますよ」

ガレは快く引き受け、その夜、さっそく夜空を探った。

「おお、なんということだ！　ルヴェリエが予測した通りの位置に、未知の惑星がある！」

こうして8番目の惑星が発見された。新たな惑星は「海王星」と命名された。

海王星の位置を正しく示したアダムズとルヴェリエは、それぞれの母国で、国民的な英雄《えいゆう》となったのである。

1894年、アメリカ・アリゾナ州に新しい天文台が建てられた。建てた男の名は、パーシヴァル・ローウェル。天文台は、彼の名にちなんで「ローウェル天文台」と呼《よ》ばれた。

ローウェルはアメリカ・ボストンの名家の出身で、ハーバード大学で数学や物理を学んだ。卒業後は実業家として家業の綿花紡績業《めんかぼうせきぎょう》を経営するほか、鉄道業や電話通信業に投資して、潤沢《じゅんたく》な資産を築き上げた。その一方で天文学者としても活動し、とくに火星観測に熱中した。当時は火星の2つの衛星《えいせい》が発見されるなど、火星観測熱が高まっていた。

私財を投じてローウェル天文台を建設した彼は、火星の研究に本腰《ほんごし》を入れた。

ローウェルは、観測データをきちんと吟味《ぎんみ》して科学的な結論を導《みちび》き出《だ》すというよりも、独自の想像力を大事にしていた。彼の想像力は、およそ他の科学者には考えもつかないような仮説を導《みちび》き出《だ》すこともあった。

「火星には知性のある文明をもった火星人が住んでいる」

この「火星人説」は、そんな彼の想像力が発揮《はっき》された例の一つである。それまでにも、天文台のスタッフが、突飛《とっぴ》な発想をするローウェルの発言に驚《おどろ》かされることがたびたびあったが、この説にはさすがにあきれた。

「なぜ、そんなことが言えるんですか？　証拠《しょうこ》はあるんですか？」

ある天文学者が問《と》い詰《つ》めた。

「あるとも。イタリアの天文学者ジョヴァンニ・スキアパレッリは、詳細《しょうさい》な観測から、火星に運河があると言った。私もこの説を支持する。運河の筋《すじ》はほとんど直線で、二重になっていることから、人工的につくられたものとわかる。火星の極冠《きょっかん》を観測すると、それが季節によって拡大《かくだい》したり縮小《しゅくしょう》したりしている。氷の生成と解凍《かいとう》が起きているんだ。つまり、火星の運河は極冠の水を引いてくるためのもので、高度な知能をもった生物が建設したに違いない」

「まさか、そんなことが……」

「火星の写真のここを見てみろ」

まるで信じられないといった様子の相手に、ローウェルは一枚の写真を見せ、一点を指差した。

「ここに色の濃《こ》い部分がある。これはオアシスだ。このオアシスと運河がつながっている。だから、オアシスからも水を運んでいると考えられる。オアシスには食べ物となる植物が生えていて、植物が存在する。ということは、それを食べる動物も存在するはずだ」

「じゃあ、その火星の文明は、どれくらい進んでいるんですか？」

「今、地球で産業の最先端《さいせんたん》を走っているアメリカよりも進んでいるだろう。しかし、水の供給源《きょうきゅうげん》が枯渇《こかつ》しつつあって、火星人たちは絶滅《ぜつめつ》の危機《きき》に瀕《ひん》している」

「では、このまま火星人はいなくなると……」

「いや。彼らの文明は進んでいる。当然、我々地球の文明のほうが遅れていることはわかっているだろう。火星人はきっと、地球を侵略《しんりゃく》しにやってきて、宇宙戦争が起きるだろう」

「宇宙戦争!?　まさか！」

スタッフたちは、「火星人説」を唱えはじめたローウェルとは距離をとるようになった。

「ローウェル天文台長の話はまじめに受け取らないほうがいい。自分たちで、きちんとした天体観測を行おう」

ローウェルの「火星人説」はともかく、実は、火星の運河の存在はその後長らく否定《ひてい》されることはなかった。当時の写真技術の水準は低く、その後も火星の運河の存在を否定する決定的な証拠《しょうこ》が見つからなかったからだ。１９６０年代にマリナー探査機《たんさき》によって火星表面の詳細《しょうさい》な写真が手に入ったことで、ようやく火星の運河説はくつがえされたのである。

火星の研究に熱をあげていたローウェルだったが、晩年《ばんねん》は新しい惑星《わくせい》の発見に力を注ぐようになっていた。

「ルヴェリエとアダムズが発見した海王星の引力を計算に入れると、太陽系の惑星《わくせい》の動きはほぼうまく説明できるようになる。でも、まだ問題がある。海王星そのものの軌道《きどう》も、わずかながら乱れている。海王星の外側にもさらに未知の惑星があるのではないか？　私の残りの人生をかけて、その惑星Xを見つけてみせる！」

ローウェルは、太陽系の一番外側にある謎《なぞ》の天体「惑星X」の探索《たんさく》にのりだした。しかし、ローウェルに残された時間はあまりに少なすぎた。

１９１６年、ローウェルは「惑星X」の発見にいたらぬまま、息をひきとった。新しい天文台長となったヴェスト・スライファーは、「ローウェルの遺志をついで、『惑星X』の探索を続けよう」と考えた。

天文台のスタッフたちは、海王星の軌道のずれをもとに惑星Xの位置を予測しようとした。しかし、その試みはすべて失敗に終わった。

「計算結果から惑星の予測位置を割り出すのには、限界がある」

「なら、どうしたらいいんだ？」

スタッフたちは連日、夜空を観測しながら議論した。

「こうなったら、力ずくでやるしかない。一つひとつ星をくまなく観測して、未知の星を見つけるんだ」

「そんなのバカげてる。星を一つひとつ見たって、それが未知の星かどうかなんてわからないじゃないか。全部の星を覚えてるわけじゃないんだ」

「写真を使おう。定期的に夜空を撮影《さつえい》し、前に見た写真と違う場所に移動している星がないかを探すんだ。移動している星があったら、新しい惑星の可能性があるということだよ」

「そんな作業、誰もやりたくない」

すると、黙《だま》って聞いていたスライファーが言った。

「いい方法がある。ブリンク・コンパレータ（点滅比較計《てんめつひかくけい》）だ」

「なんですか、それは？」

スタッフの視線が、一斉《いっせい》にスライファーに集まった。

「新しい装置だよ」

スライファーはどこからともなく装置を運び込み、説明を始めた。

「こうやって、異なる時間に同じ場所を撮影した2枚の写真がある。これを左右に並べる。そして、この2枚の写真に、高速で交互《こうご》に光をあてる。こんなふうにね」

左右の2枚の写真が、かわるがわる高速で光った。

「こうして2枚の写真を何度も交互に見ているうちに、人間の目は、違いを見つけるんだ。明るくなった星や、逆に暗くなった星、あるいは位置を変えた星があれば、特定できると思う」

「これはいい！　これだったら、作業が楽になるかもしれない」

こうしてブリンク・コンパレータを使った、惑星Xの探索作業がはじまった。

ところが、それから何年たっても、新しい惑星が発見されることはなかった。

「ローウェルが言っていたのは、やっぱり誤《あやま》りだったのかなぁ」

「そもそも、あの天文台長は空想めいたことばかり言っていたからな。僕らが本気になったのが間違いだったんだよ」

スタッフたちは、ほとんど全員があきらめ始めていた。


「惑星Xは、僕が必ず見つけてみせます！」

１９２９年、ローウェル天文台に突然《とつぜん》あらわれた22歳の若者は、中へ通されるなり、そう宣言《せんげん》した。彼の名は、クライド・トンボーといって、惑星Xの発見をしたいと言ってやってきたのだった。

「どうか雇《やと》ってもらえませんか？」

「キミは、アマチュアだろう？　実際の天文学の研究というのは、単なる星の観測とは違うんだよ。悪いけど、帰ってくれ」

天文台長のスライファーは、そう言って追い返そうとした。

「でも、僕には自信があります」

「根拠《こんきょ》のない自信はやめてくれ。我々はすでに10年以上探しているが、まだ見つけることができない。キミのような青年にできるわけがないだろう」

「……」

トンボーは唇《くちびる》をかみしめた。

「だいたい、キミはどこで天文学を学んできたんだ？」

「独学です」

「独学？」

「実家の農家の経営《けいえい》が厳しくて、大学には行けなかったんです」

「そうか……」

スライファーは少し青年に同情した。

「だから、自分で天体望遠鏡をつくって、火星と木星を記録しました。これです」

そう言ってトンボーは、手描きのスケッチを手渡した。

「どれどれ……。これは、火星の表面か？」

「そうです」

「なんということだ。これほど詳細《しょうさい》に火星を記録したものは、見たことがない。これを自作の望遠鏡で観測したというのか？」

「ええ」

スライファーは、この青年がただのアマチュア天文家ではないことを理解した。この青年なら、もしかしたら惑星Xを発見してくれるかもしれない。

「……よかろう。キミを採用しよう」

「ありがとうございます！」

その日から、トンボーは惑星X探索チームの一員として、新惑星を探す業務に携《たずさ》わることになった。トンボーの心は、期待に満ちていた。

「さあ、座《すわ》って。今日から、ここがキミの席だ」

「はい……」

若い男性スタッフが、トンボーを案内してくれた。

「これが、ブリンク・コンパレータだよ。これで、別の時間に同じ場所を撮影した写真を見比べて、新しい惑星を探すんだ。簡単だろ？」

座席の周囲のテーブルには、無数の宇宙の写真が雑然《ざつぜん》と並べられていた。

「キミのおかげで、やっとこの退屈《たいくつ》な作業から解放されるよ」

スタッフはそう言って、背伸《せの》びした。

「そんなに退屈なんですか？」

「そうだろう？　だって、ひたすら点を追うだけの作業だよ。これをいくらやったって、新しい星なんて見つからないよ」

「僕は見つけますよ」

「そうかい。見つけたら、惑星の発見者としてルヴェリエやアダムズのように天文学史に名を残せるからな。まぁ、がんばれよ」

彼はそう言ってトンボーの肩《かた》を叩《たた》くと、どこかへ消えていった。

「へんな人だな。こんなに楽しい仕事はないと思うけど」

トンボーは、早速《さっそく》、写真を比較《ひかく》する作業に入った。


トンボーがローウェル天文台に入社してから1年もたたない、1930年2月18日のことだった。

彼はブリンク・コンパレータの前で、いつもの作業を続けていた。

「これは、ふたご座デルタ星の付近の写真だな。これが1930年1月23日の写真で、そしてこちらが1月29日の写真……」

2枚の写真に違いはないことを確認して、それらの写真をブリンク・コンパレータから取り外し、次の写真に移ろうとしたそのときだった直感的になにかを感じた。

「ん？」

ブリンク・コンパレータを起動し、交互《こうご》に映し出される2枚の写真をもう一度見比べる。

「なんだ、これは!?」

装置《そうち》をとめて、ゆっくりと2枚の写真を見返す。

「この小さな天体、明らかに動いているぞ！」

ただ、それが探していた惑星Xなのかどうかは確信がもてなかった。トンボーは、もう一度、丹念《たんねん》に確認した。

「間違いない！　海王星よりも遠くにあるし、小惑星でもない。これは太陽系の第9番目の惑星に違いない」

トンボーは、それが新惑星であることを確信し、スライファーに報告した。報告を聞いてやってきたスライファーは、2枚の写真を念入りに確認した。

「うむ。たしかに、これは惑星Xかもしれないな」

スライファーはそう言った。ところが、スタッフのなかには疑《うたが》いをもつ者もいた。

「でも、ローウェルの計算した位置から、かなりずれていますよ」

「たしかに」

すると、トンボーは言った。

「そのとおりです。ローウェルの計算よりも6度ずれています。しかし、それこそがこれまで見つからなかった原因です。それに、この惑星は予想よりもずっと小さいし、とても暗い。当初の予想と違ったから、これまで見つからなかったのです」

「なるほど。ローウェルの計算違いか」

「私が調べたところ、ローウェル天文台長は海王星の大きさを誤《あやま》って見積もっていました。それが計算違いの原因になったのだと思います」

トンボーは、そう言って手書きの計算式を見せた。

「そうか。予測位置と違っていたのに、キミはよく見つけたね」

「こんなこともあるかと思って、範囲《はんい》を広げて探したんですよ」

トンボーは得意げに言った。

「よくやった！　これでキミは新惑星の発見者だな」

スライファーやスタッフたちは、トンボーのことを称《たた》えた。

「おめでとう。キミはよくやったよ」

前任のスタッフもやってきて、祝福《しゅくふく》した。

「ありがとうございます。でも、あなたにもチャンスがあったのに」

「どういうことだ？」

「過去の写真を見返しましたが、僕がこの作業を始める前の1929年4月11日に撮影した写真にも、この新惑星はきちんと写っていました」

「なんだって？　じゃあ、俺が見落としていたということか」

トンボーはうなずいた。

「なんてこった……」

「惜《お》しかったですね」

そう言うと、二人は顔を見合わせて笑った。

新惑星発見のニュースは、ローウェルの誕生日である3月13日に全世界に向けて発表された。これをきっかけに、一躍《いちやく》トンボーは時の人となった。

新惑星の名称は、公募で決められることになった。募集が始まると、世界中からたくさんの案が送られてきた。

そのなかに、イギリスの11歳の少女ヴァニーシア・バーニーから送られてきた「プルート」というものがあった。プルートとは、ローマ神話の黄泉《よみ》の神だ。

「暗い惑星《わくせい》には、黄泉の神の名前がふさわしい。それに、プルート（Pluto）の頭文字Plは、パーシヴァル・ローウェル（Percival Lowell）の頭文字と共通する」

こうして少女の案が採用され、新惑星の名は「プルート」となった。日本名は英文学者の野尻抱影《のじりほうえい》によって「冥王星《めいおうせい》」と名づけられた。

その後、トンボーは冥王星の発見に満足することなく、天体観測を続けた。

「まだまだ発見すべき星はたくさんある」

その後、13年にわたってトンボーは天空のほとんどを徹底的《てっていてき》に調べた。冥王星よりも明るい天体は見つからなかったが、6つの星団、数百個の小惑星、そして2個の彗星《すいせい》を新たに発見した。

当時、太陽系周辺でこれほど徹底した観測を行った者は、トンボーのほかにいなかった。

ところで、その後、冥王星は数奇《すうき》な運命をたどることになる。

「冥王星は、本当にみんなが探していた『惑星X』なのだろうか？」

こんな疑問が学者たちのあいだで盛《さか》んに議論されるようになったのだ。１９７８年、冥王星の衛星カロンが発見されると、その議論はより活発になった。

「冥王星は、ほかの８つの惑星に比べるとかなり異質だ。大きさは月よりも小さく、月の半分以下しかない。それなのに自分の半分もある大きな衛星カロンをしたがえている。カロンは衛星というよりは、冥王星とカロンでワンセットの惑星と考えるべきではないか」

冥王星の質量は、はじめは海王星と同じくらいと考えられていたが、その後の研究で、地球の５００分の１程度しかないことがわかってきた。

「冥王星は、軌道《きどう》は非常に細長い楕円《だえん》でかなり大きい（約２４８年で太陽を１周する）。しかも、ほかの惑星の軌道がほぼ同一の平面上（太陽の赤道面にあたる「黄道面《こうどうめん》」）にあるのに、冥王星だけがそこから17度傾《かたむ》いている」

さらには、１９７７年に打ち上げられた無人探査機「ボイジャー1号」の近接飛行で得られた新たなデータから、冥王星がなくても太陽系の惑星の動きが説明できることがわかってきた。

これを受けて、１９９３年、こんな研究発表がなされた。

「天王星と海王星の軌道は、すでにある太陽系の惑星の重力だけで説明できるようになった。つまり、『惑星Xは死んだ』のである。冥王星はもはや必要ない」

一方、アイルランドの天文学者ケネス・エセックス・エッジワースとアメリカの天文学者ジェラルド・ピーター・カイパーは、１９５０年頃、「海王星の外側に、非常に多くの小天体の集まりがある。

それが彗星《すいせい》の供給源《きょうきゅうげん》である」とする説を提唱《ていしょう》した。

1992年、この仮説にもとづき最初の天体が発見され、その後20年のうちに、約1500個の天体が発見された。

太陽系の遠方の観測が進むにつれて、冥王星と同じかそれ以上の大きさをもつ小天体（エッジワース・カイパーベルト天体）が多数見つかるようになったのである。

そして、こんな声があがるようになった。

「冥王星だけを特別扱《あつか》いして『惑星』と呼んでいいのだろうか？」

2006年8月16日、チェコの首都プラハで開かれた国際天文学連合の総会で、こんな提案《ていあん》がなされた。

「冥王星よりも大きな小天体を格上げし、新たに3つの天体（ケレス、カロン、エリス）を加え、太陽系の惑星は全部で12個としましょう」

ところがこれに対して反対意見が相次ぎ、たいへんな議論となった。

「冥王星のような小天体は惑星ではない。冥王星そのものを格下げすべきだ」

「しかし、冥王星は、太陽系の最果ての惑星として長年親しまれてきました。いまさら格下げなどできません」

白熱した議論は1週間ほど続き、最終的に、総会に残った424名の投票で決められることになった。その結果、「冥王星は正式に『準惑星』の地位に降格《こうかく》」となった。

冥王星のような星を位置づけるため、新たなカテゴリー、「準惑星」が設けられたのである。しかし、この議論はいまだに続いている。「冥王星を惑星扱いしてもいいのではないか」という声は消えていない。

2015年7月、無人探査機「ニュー・ホライズンズ」が冥王星に最接近した。冥王星はごく薄《うす》い大気しかもたないため、宇宙から降り注ぐ小天体が大気中で燃《も》え尽《つ》きることなく表面に衝突《しょうとつ》して、月のようにクレーターを数多く作ると予想されていた。しかし、探査機が撮影した冥王星の表面の画像には、クレーターがほとんど見られなかった。

トンボーが発見した冥王星は、いまも謎《なぞ》多き天体として、研究が続けられている。

科学の
先駆者たち

アインシュタインに挑《いど》んだ神父

ルメートル

——1927年10月、ベルギーの首都ブリュッセル。ここで第5回ソルベイ会議が開催《かいさい》され、世界の名だたる物理学者が一堂《いちどう》に会《かい》した。

「まったく、つまらない会議だ」

アルベルト・アインシュタインは、浮《う》かない顔で大ホールの壇上《だんじょう》に座《すわ》っていた。聴衆《ちょうしゅう》の前で、数人の学者が議論を行う。アインシュタインは、質問されれば答えるものの、いつものようなバイタリティで自ら進み出て発言をすることはなかった。

かつて20代で特殊相対性理論《とくしゅそうたいせいりろん》、30代で一般《いっぱん》相対性理論を発表して物理学に革命を起こしたこの天才も、すでに48歳となっていた。ただ、依然《いぜん》として学界に与《あた》える影響力《えいきょうりょく》は絶大であり、科学界の巨人《きょじん》として君臨《くんりん》していた。物理学界の誰もが、このスーパースターと対面する機会を楽しみにしていた。

しかし、当のアインシュタイン自身は、この1週間におよぶ会議中、終始冴《さ》えない表情を浮かべていた。

「……さて、どうしたものか」

自分の出番が終わると、アインシュタインは足早に会議場をあとにした。

彼の頭の中は、あることでいっぱいになっていた。というより、自分のアイデアに対する自信がゆらいでいた。

「宇宙は一定の大きさを保っている。そのため私は、一般相対性理論の方程式を見直して、宇宙の大きさが変わらない『静的な宇宙』の姿《すがた》を描いた。それなのに、あの論文はなんだ？　静的な宇宙を真っ向から否定した。しかも、もっともいまわしいのは、あの論文の説明には非の打ちどころがないということだ」

アインシュタインは、レオポルド公園の小道を一人歩きながら、そのいまわしい論文のことを思い出した。それは、ソルベイ会議の議長から見せられた、ベルギーの物理学者ジョルジュ・ルメートルの論文だった。

「ルメートルの説明は一理ある。私の一般相対性理論にもとづいて素直に考えれば、宇宙は一定の大きさを保つことはできない。膨張《ぼうちょう》したり収縮《しゅうしゅく》したりするはずだ。だから、彼は『動的な宇宙』を提《てい》示《じ》している」

アインシュタインは別の論文も思い出した。

「数年前に読んだ別の論文にも同じような内容があったな。ロシアの数学者アレクサンドル・フリードマンが書いたものだ。二人は、私の一般相対性理論を使って、恐《おそ》れることなく『動的な宇宙』の姿《すがた》を描いた」

アインシュタインは立ち止まり、いまにも雨が降りそうな曇《くも》り空《ぞら》を見た。

「私には真似《まね》できない考え方だ。だって、宇宙が膨張《ぼうちょう》したり縮《ちぢ》んだりするわけないじゃないか……」

「アインシュタイン先生ですね？」

「えっ？」

突然《とつぜん》、声をかけられて、アインシュタインはあわてて視線を正面に戻《もど》した。

「……ええ」

目の前には、一人の若い神父が立っていた。

「あの……、神父さん。私に何かご用ですか？」

「私は、ジョルジュ・ルメートルという者です。教区司祭を務めていますが、物理学の研究もしています」

『ルメートル!?』

アインシュタインはすぐに気づいた。それが、今の自分を悩《なや》ませている張本人の物理学者であることに。

「そうですか。はじめまして」

アインシュタインは何も知らないふりをしようとしたが、その決意は長くは続かなかった。ルメートルのほうから、こう切り出してきたからだ。

「はじめまして。先生にお会いできて光栄です。私も今回の会議に参加していまして、先生とお話しする機会をもらいたいと思っていたんです。少しよろしいですか？」

アインシュタインは、少し身構《みがま》えながら「いいですよ」と答えた。

「先生は、『静的な宇宙』を提唱《ていしょう》されていますね。でも、先生の一般相対性理論の方程式を使って計算してみると……」

「宇宙は膨張や収縮をするというのですね。知ってますよ。あなたの論文は読みました」

「ほんとですか？　それはうれしい」

「しかし、キミの物理はいまわしい」

「えっ!?」

「キミの計算は正しい。でも、キミの物理はいまわしいと言っているんだ」

「どういうことですか？」

ルメートルはあわてて聞き返した。

「キミが述べていることは、すでにロシアのフリードマンが1922年の論文で発表していることだ。私の方程式を使って膨張《ぼうちょう》宇宙モデルを記述したのは、フリードマンが初めてだ。キミは、それを真似《まね》しているだけではないのかね？」

アインシュタインはいらだちのあまり、早口になっていた。

「いえ、そんなことはありません。フリードマンの論文はもちろん知っておりますが、私は私のやり方で計算し、さらにその先まで理論を展開しています」

「そもそも、フリードマンの数学には明らかにおかしなところがある。だから、膨張する宇宙なんて存在しないんだよ」

「しかし、私は最新の天文学のデータも使っています。つまり……」

「あきらめなさい、その考えを」

アインシュタインは、明らかにルメートルの話を避《さ》けようとしていた。

「宇宙は膨張《ぼうちょう》します。あなたの方程式のなかに、その答えがあるんです。もう一度、僕の論文を読んでください」

「いいや。二度と読むことはないよ」

会話をさえぎるようにして、アインシュタインは去っていった。一人取り残されたルメートルだったが、失望してはいなかった。

『いつかアインシュタイン先生もわかってくれるはずだ……』


ジョルジュ・エドワード・ルメートルは、1894年7月17日、シャルルロアというベルギーの町で生まれた。

幼い頃から数学の才能が飛び抜けていたが、それ以上に神学への興味が強かった。9歳になったとき、ルメートル少年は突然《とつぜん》、父に向かってこう言った。

「僕は、司祭になります」

父は、息子《むすこ》のあまりにもまっすぐな志《こころざし》に面食らったが、彼の決心を応援《おうえん》してやることにした。

ルメートルは、地元の聖心イエズス高等学校に入学し、数学や物理、化学で抜群《ばつぐん》の成績をあげた。その後、司祭になるという目標を実現するべく、ブリュッセルにあったイエズス会の予備校、聖ミカエルカレッジに入学した。

あるとき、P・アーネスト・ヴェルー神父は授業のなかで聖書《せいしょ》の「創世記《そうせいき》」を読んだ。するとルメートルは、興奮《こうふん》した様子でこう発言した。

「創世記の言葉は、人間がのちに科学を牛み出し、発展させていくことを予見していると思います」

科学が好きだったルメートルは、神学と科学を結びつけて考えようとしていた。そして、その態度が神父を喜ばせるだろうと思っていた。

ところが、神父は読んでいた聖書を静かに閉じ、まっすぐにルメートルのほうを見てこう言った。

「あまり勇《いさ》んでそのように思い込まないようにしなさい。神学と科学という2つの学問分野は、厳密《げんみつ》に区別されなければならない」

「でも……」

「いいかね。聖書の記述のなかに、科学の発展を予見しているように思える箇所《かしょ》があったとしても、それは偶然《ぐうぜん》にすぎない。キミの考えは『聖書は、科学的に正しいことを教えている』という愚《おろ》かな主張をする人を増やすだけだ。実際に言えることは、『聖書のなかには、預言者の誰かが科学的に正しい推測《すいそく》を行っている部分もところどころある』ということだけだ」

ルメートルは悔《くや》しい思いをしたが、このときの神父の言葉を生涯《しょうがい》忘れることなく心に刻《きざ》んだ。「神学と科学を区別する」という教訓《きょうくん》を忠実《ちゅうじつ》に守ることで、彼はのちに、神父でありながら物理学者としても重大な発見を成《な》し遂《と》げることができたのである。

1914年、ヨーロッパで第一次世界大戦が勃発《ぼっぱつ》した。

ルメートルも多くのベルギー人男性と同じように、軍隊に入隊した。そして、歩兵隊や砲兵隊《ほうへいたい》の隊員として、４年間、戦場で戦うことになった。

「それは、なんの本だ？」

「アンリ・ポアンカレの理論について書かれた本だよ」

ルメートルは、戦場でも時間を見つけては、数学や物理の本を読んで学んでいた。

「ポアンカレ!?」

「うん。現在、最高の数学者だよ」

「戦場で、よくそんな難しそうな本が読めるな」

彼は、純粋《じゅんすい》な好奇心《こうきしん》と尽《つ》きることのない学問への興味から、戦場でも熱心に学び続けた。ようやく戦争が終わると、ルメートルはレーヴェン・カトリック大学で博士号を取得し、その後、聖ロンボー院に神学生として入学した。

このころ、ルメートルはアインシュタインの一般相対性理論について学びたいと思っていたが、当時の大学教育課程には相対性理論の講義が組み込まれていなかった。アインシュタインが一般相対性理論を完成させてから、数年しかたっていなかったからだ。

そこでルメートルは、一般相対性理論を理解するために不可欠な計算法を独学でマスターした。しかし、彼はそれでは満足しなかった。

「このままベルギーにいてはだめだ」

ルメートルは、物理学の研究が盛《さか》んなイギリスで勉強しようと考えた。そこで「アインシュタインの物理学」という短い論文を手早くまとめ、これをもとに、ベルギー政府からの奨学金《しょうがくきん》を勝ち取ることができた。

そして1923年、一般相対性理論を研究するためイギリスに渡った。

彼の頭の中には、こんなアイデアがすでに渦巻《うずま》いていた。

「一般相対性理論に観測データをあてはめると、宇宙は動的で不安定なものになる気がする。アインシュタインはこのアイデアを否定《ひてい》しているけど、これこそが宇宙の本当の姿《すがた》なんじゃないだろうか……」

「キミは相対性理論に興味があるんだってね？」

「はい」

イギリスのケンブリッジ大学でルメートルを出迎《でむか》えたのは、天文学者のアーサー・スタンレー・エディントン卿《きょう》だった。

「キミの論文は読ませてもらったよ。よく書けていた」

「ありがとうございます。エディントン先生の本を読んで勉強させてもらいました」

当時、エディントンは、アインシュタインの相対性理論をもっとも理解している人物といわれ、その解説書を書いていた。ルメートルはその本を読んで勉強していたのだ。

「先生は、相対性理論の正しさをどうやって証明されたんですか？」

それは、ルメートルがエディントンに会ったら、まっさきに聞きたいと思っていたことだった。

「アインシュタインは、重力によって光の進路は曲がると言ったね」

「はい」

「これを確かめるには、太陽の近くを通る星の光の進路を調べればいい。太陽の重力によって光の進路は曲がるはずだからね。しかし、問題がある。何か分かるかね？」

ルメートルは、少し考えて答えた。

「太陽の光が眩《まぶ》しいので、その近くを通る光の進路を調べることはできません」

「そう。そこで私は考えた」

「日食ですか？」

「うむ。月が太陽を隠《かく》す日食のときには、太陽のすぐ近くに見える星からの光が観測できる。日食のときの星の位置と、太陽がいないときの星の位置、つまり夜の星の位置を比べて、ずれていれば、重力によって光が曲がるということの証明になる」

「なるほど」

「１９１９年、それを確かめるチャンスが訪れた。南半球で日食が起こることが分かったので、私は西アフリカのギニア湾《わん》に浮《う》かぶプリンシペ島へ観測に出かけ、日食を観測した。すると、太陽が月に隠れているときの星の位置は、夜に見える星の位置とずれていることが確かめられた。その値は、相対性理論の予測値とほぼ一致《いっち》したんだよ」

ルメートルは目を輝《かがや》かせた。

「相対性理論の正しさが証明されたんですね」

「ああ。それまで相対性理論に対して半信半疑《はんしんはんぎ》だった人たちも、これで納得しただろう」

ルメートルは、エディントンから相対性理論と天文学を徹底的《てっていてき》に学び、研究に励《はげ》んだ。そして、当時の最新の知識を存分に吸収《きゅうしゅう》しながら、宇宙物理学に関する自分自身の理論をつくりあげていった。エディントンのほうも、ルメートルの若くみずみずしい才能を認め、信頼《しんらい》をおいていた。エディントンは、ルメートルにたびたび難題をもちかけては、意見を聞いた。

「こんな計算方法もあるが、キミはどう思うかね？」

「面白いと思います。やってみましょう」

ルメートルは、エディントンがもってくる課題に熱心に取り組み、期待に応《こた》えた。ルメートルの存在はエディントンをも刺激《しげき》し、インスピレーションの源泉《げんせん》ともなった。

一年がたった頃、ルメートルは一般相対性理論に関する論文をまとめた。

「エディントン先生、僕の論文を見ていただけますか？」

「……どれどれ」

エディントンはルメートルの論文を一読して、すぐに気に入った。そして、自ら前書きを書《か》き添《そ》えたうえで、雑誌に掲載《けいさい》してくれた。

「あなたのもとで研究している学生の論文を読みましたよ」

エディントンが学内を歩いていると、声をかけてくる人物がいた。友人のベルギー人物理学者、テオフィル・ド・ドンデだった。

「ああ、キミか……」

「彼は、一般相対性理論をよく理解していますね」

「そうなんだ。ルメートルくんは、非常に優秀な学生でね。頭の回転がすばらしく速く、聡明《そうめい》で、ずば抜けた数学的才能をもっている。今度、ハーバード大学に行ってもらうつもりだよ」

「それはすばらしい」

「彼は、一般相対性理論の複雑な幾何学《きかがく》が、壮大《そうだい》なスケールをもつ宇宙にどのような効果をもたらしているのか、その証拠《しょうこ》はあるのかを研究している」

「それはとても興味深いテーマですね。宇宙の見方が変わるかもしれない」

「心配なのは、ハーバード大学のシャプレーと気があうかどうかだね。彼は、かんしゃくを起こすこともあって、自分の間違いを決して認めない」

「頑固《がんこ》なところがあると聞きますよ」

「ああ。ただ、研究はすばらしい。ハーバードでの経験がルメートルくんのためになるといいのだが……」

１９２４年の夏、ルメートルは、エディントンのすすめで、アメリカのハーバード大学天文台に行くことになった。

天文台で迎《むか》えてくれたのは、天文台長のハーロー・シャプレーだった。いかめしい顔つきで、髪は短く刈《か》り込《こ》み、その風貌《ふうぼう》には意志の強さがにじみでていた。

ルメートルはやや気後《きおく》れしつつも、右手を差し出しながら言った。

「エディントン先生の紹介でイギリスからきた、ルメートルです」

シャプレーは握手《あくしゅ》に応《こた》えると、思いのほか気さくな態度で話しかけてきた。

「キミか？　神父さんなんだってね」

「はい」

「神父さんが天文学とは、驚《おどろ》いたよ」

「そうでしょうか……」

「そんなことはいいんだ、ここには最高の望遠鏡がある。きっと、有意義な観測と研究ができるはずだ。がんばりなさい」

「はい」

シャプレーは、根が真面目なルメートルのことをすぐに気に入った。

ルメートルはハーバードに来てから、「セファイド変光星」を基準《きじゅん》にして星までの距離を測る方法を身につけた。

「セファイド変光星」とは、ある周期にあわせて明るさの変わる星だ。周期が長いほど本当の明るさ（絶対等級）が明るい。同じ周期のセファイド変光星が見つかったら、見かけの明るさが暗いもののほうが遠くにあることになる。

そこで、距離《きょり》のわかっているセファイド変光星と同じ変光周期のものを見つけ、見かけの明るさを比べることで、その天体までの距離を推定《すいてい》する測定方法が考え出された。こうした作業を繰《く》り返《かえ》していくことで、遠くの天体の距離を測ることができる。

それまでは地球から数光年という比較的近い天体しか星の距離を測ることはできなかったが、この方法を利用することで、地球から100光年以上離れた恒星《こうせい》や星雲《せいうん》の距離を計算することができるようになった。

また、ルメートルは、分光法についても学んだ。

分光法とは、分光器という装置を用いて、天体からの光を波長ごとに分け、スペクトル（分けられた光の像）を集める観測のことだ。スペクトルを調べれば、その恒星がどのような元素から成り立っているのかがわかる。

当時の天文学者は、恒星や星雲のスペクトルを集め、それぞれがどんな元素から成り立っているのかというデータ集をつくり始めていた。その中で、恒星や星雲のスペクトルが赤色に近くなるほど、その天体は太陽から遠ざかり、反対に、青色に近くなるほど、太陽に近づいていることがわかった。

ルメートルとシャプレーは、この分光法を使って、さまざまな星雲のスペクトルを測定した。

すると、驚《おどろ》くべき事実を発見した。

「先生！　測定したほとんどの星雲のスペクトルが赤色になっています」

「なんだって？　……ということは、ほとんどの星雲は遠ざかっているということか？」

「そうなります。しかも、ありえないような速度で宇宙の彼方《かなた》へ遠ざかっています」

ルメートルがそう言うと、シャプレーは腕組《うでぐ》みをして少し考えたあと、こうつぶやいた。

「フリードマンの言っていたことは、本当なのかもしれない」

ルメートルは、うなずいて答えた。

「ロシアの数学者ですね。僕もあの論文は読みました」

「ああ。一般相対性理論を使って数学的に計算し、膨張《ぼうちょう》する宇宙モデルを提唱《ていしょう》したものだ。しかし、彼はそれを現実世界にあてはめてはいない。あくまでも計算上の理論だった。それが、こうして天文学的な観測データがそろったとなると……膨張する宇宙モデルを真剣《しんけん》に検討《けんとう》しなければいけないかもしれないね」

「そうですね……」

「キミは、この研究を続けるといい」

「はい」

ルメートルの研究は、大きく動き出そうとしていた。

同じころ、アメリカの天文学者エドウィン・ハッブルは、ロサンゼルス郊外《こうがい》のウィルソン山天文台で、当時の世界最大口径2・5メートルの反射望遠鏡を使って星雲の観測を行っていた。

その観測の結果、ハッブルはこんな発表をする。

「アンドロメダ星雲までの距離《きょり》は約90万光年である。銀河系の大きさは直径約10万光年なので、アンドロメダ星雲は銀河系の外にある」

それは衝撃的《しょうげきてき》な発表だった。なぜなら、それまで銀河系が宇宙のすべてと考えられていたからだ。

実は、1910年代のはじめに、アメリカの天文学者ヘンリエッタ・リービットにより、数万光年先にある天体の距離を測定できる法則が発見された。それまでの観測方法では、数十光年程度しか測ることができていなかったのである。このリービットが発見した、遠く離れた天体の距離を測定できる新たな法則により、銀河系の外にも星雲や銀河が存在している可能性が、一部の研究者の間で予見されていた。しかし、いずれも証明するには至《いた》っていなかった。

ハッブルがアンドロメダ銀河までの距離を測るときの物差しとしたのは、やはりセファイド変光星だった。アンドロメダ銀河のなかにセファイド変光星をみつけ、それを使って約90万光年という距離を算出したのだ。リービットの死後、ハッブルはこの法則を活用することで、アンドロメダ銀河が我々のいる銀河系の外に存在することを発見したのである。ただし現在では、アンドロメダ銀河までの距離は約230万光年に修正されている。

ハッブルの発見は、ルメートルを大いに刺激《しげき》した。

「銀河系外の星雲のスペクトルを測定してみよう。もしも赤色なら、星雲が遠ざかっているということだ。つまり、宇宙全体の空間が膨張《ぼうちょう》している」

ルメートルは、このアイデアをすぐに行動に移した。

「研究するには、星雲のデータが必要だ。……そうだ、ハッブルに頼んでみよう」

ルメートルは、いてもたってもいられず、ハーバードの研究室を飛び出し、ウィルソン山天文台に向かった。

突然《とつぜん》の訪問にもかかわらず、ハッブルはルメートルを歓迎《かんげい》してくれた。

「よくいらっしゃいました。ルメートルさん」

「ハッブルさん！　あなたの発表には驚《おどろ》きましたよ。アンドロメダ星雲は銀河系外にあるんですね」

ハッブルは少し控《ひか》えめに答えた。

「ええ、そのことははっきりしたと思います」

「ところで、銀河系の外にはアンドロメダ星雲のほかにも、たくさんの星雲があるとお考えですか？」

「その可能性は否定《ひてい》できませんね。すでに、アンドロメダ星雲よりもはるか遠くの、10億光年の彼方《かなた》にある星雲も見つけています」

「それは興味深い！」

「この広い宇宙には、銀河系外銀河が、そこかしこに点在するんだと思います」

「宇宙は、我々《われわれ》が考えていたのよりもずっと大きいのかもしれませんね……ところで、あなたに一つご意見をお聞きしたかったのです。もし銀河系外の星雲のスペクトルを測定して、赤色にうつることが確認できたら、宇宙全体が膨張《ぼうちょう》していることになりませんか？」

「それは私には答えられません。まだ、何も証拠《しょうこ》はありませんから」

「私は、宇宙の膨張について研究したいと思っています。もしも星雲のデータがあれば、ご提供《ていきょう》いただけないでしょうか？」

「もちろん、喜んで提供しましょう」

「ありがとうございます」

ルメートルは、ハッブルからいくつもの重要なデータの提供を受けた。このデータを分析《ぶんせき》することで、膨張する宇宙モデルを示す論文を書くつもりだった。

「アインシュタインは、宇宙は膨張も収縮もしないとしていたが、やはりあの考えは誤《あやま》りだ。そのことを、きちんと明らかにするんだ」

まだ無名の天文学者にすぎなかったルメートルは、科学界の巨星、アインシュタインに戦いを挑《いど》もうとしていた。


アインシュタインは、どうして「宇宙は膨張も収縮《しゅうしゅく》もしない」と考えたのだろうか。そもそも、彼が特殊相対性理論《とくしゅそうたいせいりろん》にたどり着いたのは、26歳のときである。「速度」について研究していたアインシュタインは、速度とは本来見ている人の運動の状態によって値が変化する「相対的な値」であるにもかかわらず、光の速度は見ている人の状態や光の運動の方向に関係なく、つねに一定であることに気づいた。

こうしてアインシュタインが発見した「光速度不変の原理」は、彼に新たな気づきをもたらした。つまり、「光の速度が一定なら、ほかの何かが変化しているはずだ」というのである。アインシュタインは、その「何か」を「時間」だと考えた。こうして生み出されたのが、「速く動くほど、時間はゆっくり流れる」という法則、つまり「特殊相対性理論」である。

それまで時間は伸《の》び縮《ちぢ》みなどしない、永遠不変の存在と信じられていたが、アインシュタインはその考えを否定《ひてい》した。時間は「絶対」のものではなく、互《たが》いに影響《えいきょう》しあいながら、伸び縮みする「相対」的なものである、ということを明らかにしたのである。

さらにアインシュタインは、1915年から1916年にかけて「重いものほど、周囲の空間や時間が大きく曲がる」という「一般相対性理論」を完成させた。この一般相対性理論によって、星の光は太陽によって曲がることが予測された。それを証明《しょうめい》したのが、ケンブリッジ大学でルメートルを指導したエディントンである。

この発見によって、アインシュタインは「天才」としてもてはやされ、科学界で強い影響力をもつようになる。

ルメートルは考えた。

——一般相対性理論を宇宙にあてはめて考えれば、宇宙が大きさや形を一定に保つことはできないという結論に必ず行き着くはずだ。どうしてアインシュタインほどの優秀な科学者が、「宇宙は永遠に大きさを変えない」という前提《ぜんてい》にこだわっているんだろう？　彼の考えた「宇宙項」は、この前提にもとづいて理論を成り立たせるための、こじつけの説明にしか思えない……。

「宇宙項（宇宙定数）」とは、アインシュタインの宇宙モデルにおいて宇宙空間にはたらいているとされる斥力《せきりょく》（押し返す力）のことである。アインシュタインは、かなり小さな値の斥力がはたらいていると考えることで、観測データと矛盾《むじゅん》しない形で、「宇宙は一定の大きさを保っている」とする宇宙モデルを作り上げることに成功したのである。

そのアインシュタインの宇宙モデルに対立する説を発表したのが、ロシアの数学者フリードマンであった。「宇宙は膨張《ぼうちょう》したり収縮《しゅうしゅく》したりする」というフリードマンの論文を読んだアインシュタインは激怒し、彼の理論を一蹴《いっしゅう》した。ルメートルはそのことを思い出し、頭を悩《なや》ませた。

——僕にはやはり、フリードマンの説のほうが正しいように思える。だが、これを人に信じてもらうのはなかなか難しそうだ。特にアインシュタイン自身を納得させるのは困難《こんなん》だろうな……。誰もが認めざるを得ないような、完璧《かんぺき》な理論で挑《いど》まなければ。

ベルギーに戻《もど》ってレーヴェン・カトリック大学の物理学教授となったルメートルは、宇宙モデルについての論文の執筆《しっぴつ》にあたった。

「宇宙の大きさは一定ではなく、時間とともに変化する。アインシュタインの相対性理論にもとづいて、動的な宇宙モデルを明らかにしよう」

この考えを証明するには、ハッブルから手に入れた星雲に関する天文学的観測データと一般相対性理論を一致《いっち》させる必要があった。

1927年、ルメートルは苦労のすえ、膨張する宇宙モデルについての論文をまとめた。そこで彼は、次のような法則を示した。

――星雲は、太陽系から距離に比例する速度で膨張《ぼうちょう》する。

この法則の意味するところは、風船の表面に等間隔《とうかんかく》の印をつけて、その風船をふくらませたとき、どの印から見ても、ほかの印は自分から遠ざかるように動くということだ。しかも、遠くにあった印ほど、より大きく（より速く）遠ざかる。この印が銀河だと考えれば、銀河が存在する宇宙自体が風船のように膨張していると考えられるのだ。

ちなみに、この段階ではまだ「宇宙が始まった時点」という概念《がいねん》には、まったく関心が向けられていなかった。「アインシュタインが提唱《ていしょう》したある一定の状態から宇宙は膨張した」と考えられていたのである。この問題には、のちにルメートル自身が気づくことになる。

ルメートルは、論文の内容には自信があったが、これを発表することにはためらいもあった。

「宇宙が膨張しているなどと聞いたら、人々は驚《おどろ》くだろう。支持を得られるかどうかも分からない……」

そんな思いから、ルメートルはこの論文をベルギーの無名な雑誌に投稿《とうこう》した。そのため、幸か不幸か、論文は誰にも気づかれぬままとなってしまった。

一方で、かつての恩師《おんし》エディントンには、自ら論文のコピーを1部送った。ところが、なぜかエディントンからはなんの返事もなかった。

「先生も信じたがらないのだろうか？」

ルメートルがブリュッセルの国際会議でアインシュタインに会ったのは、そんな時だった。せめて、アインシュタインの意見を聞きたいと思ったが、「キミの物理はいまわしい」とまで言われ、具体的な意見や指摘《してき》をもらうことはできなかった。

「このまま僕の考えは、誰にも理解されないまま、消え去ってしまうのだろうか？」

ルメートルは途方《とほう》にくれた。


1929年、星雲の観測データをまとめた論文が発表された。ハッブルが書いたものだった。ルメートルは、すぐに論文を手に入れ、読んでみた。ハッブルの示すデータと主張からは、次のようなことが読み取れた。

——すべての銀河は太陽系から遠ざかり、その後退速度は銀河までの距離に比例する。

ハッブルは、ルメートルとまったく同じ結論を導《みちび》き出《だ》していたのである。

「僕と同じ結論だ。ハッブルが導き出した銀河の平均後退速度は秒速500キロメートル。僕のものは秒速625キロメートル。かなり近い値だ。やはり、宇宙が膨張していることは誰にも否定できない事実だ」

ルメートルは拳《こぶし》を握《にぎ》りしめた。

「やはり自分は正しかったんだ……」

ハッブルの発表により、世界の天文学者たちが動き出した。その一人が、ルメートルの師であるエディントンだった。

1930年1月、王立協会の会合が行われた。ここでエディントンは、「ハッブルの法則」を受けて、「さて、アインシュタインの宇宙に、少し動きをもたせますか?」と発言した。

この議事録が出版されると、ルメートルはその記事をベルギーで読んだ。

「先生、この問題は自分がすでに解決していますよ。先生に論文を送ったはずです」

ルメートルは、1927年に発表した自分の論文のコピーをあらためて送った。エディントンは、その送られてきた論文を見て、ようやく自分のミスに気づいた。

「そうか。ハッブルの論文の内容は、ルメートルが書いていた論文と同じだったのか。私はなぜこんな重要なことに気づかなかったのだろう」

エディントンは、あわてて「ネイチャー」誌に投稿《とうこう》した。

――3年前に、すでにルメートルがすぐれた成果をあげていた。

そして、ルメートルの論文を英訳して、王立天文学協会の会報にあらためて掲載《けいさい》した。

これによりルメートルは、ハッブルよりも以前に、進化する宇宙モデルを作り上げていたことが広く知れ渡った。

「ハッブルの法則は、ルメートルの法則と呼《よ》ばれてもおかしくない」

そんな声もあがった。そうした声を受け、現在この法則は「ハッブル・ルメートルの法則」と呼《よ》ばれている。

ルメートルは、ようやく世界的な天文学者として認められるようになったのである。


1933年、カルフォルニア工科大学のキャンパス――。

「あっ!?」

庭を歩いていたルメートルは、あの「天才」を見かけて思わず立ち止まった。1927年のソルベイ会議以来のことだった。

あのときと違って、ルメートルはもはや無名の天文学者ではなかった。しかし、「キミの物理はいまわしい」という言葉は、ルメートルのトラウマとなっており、声をかけるのはためらわれた。

ところが――。

「ルメートル先生!」

その人物――アインシュタインは、神父の姿《すがた》をしたルメートルをめざとく見つけ、自分から声をかけてきたのである。

「あっ、アインシュタイン先生、おひさしぶりです」

ルメートルは、少しこわばった声であいさつした。

「ハッブルの法則は、あなたが先に発表していたのですね」

「……ええ。よくご存じで」

アインシュタインは、事の経緯《けいい》をよく知っていた。

「あの法則について知りたくて、ウィルソン山天文台を訪れたんですよ。ハッブル先生から観測データの説明を受けました」

「そうでしたか」

ルメートルは、アインシュタインが膨張《ぼうちょう》する宇宙モデルを受け入れようとしていることに驚《おどろ》いた。

だが、次のアインシュタインの口から出た言葉は、彼をさらに驚かせた。

「私が間違っていました」

「えっ⁉」

「宇宙は永遠不変であるという私の説は取り下げざるをえません。宇宙は膨張しています」

「……」

ルメートルは、アインシュタインのあまりにも潔《いさぎよ》い言葉に、完全に虚《きょ》をつかれた。

「宇宙項を導入《どうにゅう》したのは、私の人生で最大の過《あやま》ちでしたよ」

「でっ、でも、一般相対性理論には、宇宙項を残してもいいのではないでしょうか」

「いや、やはり必要がありません」

「……」

「まだまだ、宇宙にはわからないことがたくさんありますね」

「ええ、そうですね」

ルメートルは、真実のためなら間違いも認めるアインシュタインの姿《すがた》を見て、改めて科学者としての彼の偉大《いだい》さを思い知らされた。

ルメートルは、この機会を利用して、この天才に思い切って聞いてみようと思った。それは、このときのルメートルが悩《なや》んでいた大きな課題だった。

「先生、一つ聞いてもいいですか?」

「なんでしょう?」

「宇宙線の起源について、どのように考えていますか? 私は、宇宙線は、宇宙の起源に存在した超高密度な宇宙的量子の名残《なごり》だと考えているのです」

「宇宙の起源!?」

「つまり、宇宙のはじまりのとき、超高密度な宇宙の核《かく》が爆発《ばくはつ》して煙《けむり》になった。その名残が宇宙線ではないかと思うのです」

「それは興味深い説ですね。しかし、それは聖書の天地創造《てんちそうぞう》に似《に》すぎてはいませんか?」

ルメートルはカトリックの司祭として教育を受けていた。そのため、聖書の創世記《そうせいき》に記された天地創造の物語を思わせる、大規模《だいきぼ》な爆発によって宇宙がはじまったとする理論へ向かわせているのではないか。アインシュタインはそう考えたのだ。

こうした指摘《してき》は、神父でもあるルメートルに常《つね》につきまとった批判《ひはん》だった。

「いえ、それは違います」

ルメートルは強い口調で否定《ひてい》した。

「神学と科学は区別して考えるべきです。これは私の信条です」

かつて、ヴェルー神父に教えられたことを、ルメートルは生涯《しょうがい》を通して守り続けていた。

「そうですか。それは私の考えすぎでしたね。失礼……。それで、そのアイデアはどこからきたのですか?」

「当初は、私も、無限の過去から存在する定常的（大きさが変わらない）な宇宙から出発し、膨張《ぼうちょう》するものと考えていました。しかし、膨張はあるときから突然《とつぜん》始まるのではありません。宇宙が膨張し続けているなら、もともと定常的な宇宙があること自体が、ありえないと気づいたんです。宇宙が膨張しているということは、過去にさかのぼればさかのぼるほど、宇宙はもっと小さくなっていき、遠く離れた銀河同士も距離《きょり》が近づいていく。そして、全銀河が重なりあい、小さな領域《りょういき》のなかに閉じ込められていくはずです」

「なるほど。これまで、過去にさかのぼって宇宙の状態を考える試みはありませんでした。宇宙の始まりは、これからの面白いテーマになりそうですね」

このときのアインシュタインとの議論は、ルメートルにとって実に幸せな時間となった。そしてこのときばかりではなく、その後の二人はこの大学のキャンパスで、しばしば議論をし、親交を深めたのである。

すでにルメートルは、1931年に宇宙の始まりに関する論文を発表していた。——宇宙はミクロのサイズの「宇宙の卵《たまご》」から生まれた。かつての宇宙は小さく圧縮《あっしゅく》された高密度の小さな塊《かたまり》(原初原子)だった。宇宙は「爆発《ばくはつ》」で始まったのだ。

これは、のちに登場する「ビッグバン理論」につながる最初の考え方となった。しかし、この理論を詳細《しょうさい》にわたって展開するには、量子物理学の理論を活用しなければいけなかった。それはルメートルの専門外だったため、ルメートル自身がこれ以上この論を深めるには至《いた》らなかった。

やがて、ヨーロッパに戦争の足音が近づき、科学者たちがつむいできた宇宙論に関する研究は、長期にわたって中断されることになる。

戦争が終わった後、「ビッグバン理論」は誰も予期していなかった人物——ロシアからあらわれたジョージ・ガモフの登場をもって、ふたたび動き出すことになる。

大陸移動説をとなえた科学探検家

ウェゲナー

1910年、ドイツのマールブルク大学——。

大学講師《たいがくこうし》のアルフレッド・ウェゲナーは、いつものように研究室で紅茶《こうちゃ》を飲みながら、ぼんやりと世界地図を眺《なが》めていた。

彼はこの大学で気象学や天文学を教えている。活動的な研究者であるウェゲナーは、これまでに、気象観測に用いる気球の滞空時間の世界記録を打ち立て、さらに、グリーンランドへの探検隊に加わって、気球による極地の気象観測を世界で初めて行った。狭《せま》い研究室の中では、世界地図を眺めて各地の気象を考えるのが、彼の暇《ひま》つぶしの習慣だった。

「あれっ!? 待てよ……」

見慣れた世界地図にふと引っかかるものを感じて、ウェゲナーは立ち上がった。

少し離れて遠目に見る。イギリスを中心とした世界地図なので、大西洋が真ん中にあり、その右側にユーラシア大陸とアフリカ大陸、左側に南北アメリカ大陸がある。

「アフリカと南アメリカの大陸の形は、このあたりがよく似ているな……2つの大陸を近づけると、どうなるんだ?」

今度は近づいて見る。

「アフリカのへこみと、南アメリカのでっぱりがぴったりと合うんじゃないか?」

ウェゲナーはコンパスを持ってきて、海岸線のあちこちを正確にはかった。そして両大陸を並べてみると、でこぼこぐあいや長さが、みごとに一致《いっち》した。

「これはどういうことだ？　もしかしたら、この２つの大陸は、かつてはくっついていて、移動したんじゃないか？」

そんな考えが頭をよぎったが、それが重要なことだとは思わなかった。パズルをする子どものような発想で、とても学術的《がくじゅつてき》な話ではない。

「バカバカしい。僕はなにを考えているんだ……」

ウェゲナーは冷めたお茶を飲みほすと、気象学の講義《こうぎ》に向かった。

投影法《とうえいほう》で描いた世界地図は、ゲラルドゥス・メルカトルが１５６９年に考えたものだ。これが近代的な地図のはじまりである。メルカトルのおかげで、世界の大陸がどのような形をしているのかがわかるようになった。

じつは、イギリスの哲学者《てつがくしゃ》フランシス・ベーコンも、メルカトルがつくったばかりの世界地図を見て、ウェゲナーと同じことを言っている。

「アフリカと南アメリカの向かい合った海岸線がよく似《に》ている」

ベーコンに限らず、この地図を目にした人は、誰もがそう思うはずだ。しかし、それ以上のことを考えた人はいなかった。まさか、「大昔にはアフリカと南アメリカがくっついていて、移動した」などという発想に至《いた》る者など、誰もいなかった。

ウェゲナーもこの時の思いつきを、すぐに忘れてしまった。そもそも、大陸の移動のことを調べるのは地球物理学者の仕事で、彼の専門ではなかった。

ところが、わずか数ヵ月後、彼はこの問題と真剣《しんけん》に向き合うことになるのだ。

アルフレッド・ウェゲナーは、1880年、ドイツのベルリンに生まれた。

父のリチャードは牧師《ぼくし》で、養護施設《ようごしせつ》の院長を務めながら、古い言語の研究を続ける学者でもあった。母のアンナは、夫と子どもたちの面倒《めんどう》を見ることに喜びを感じる世話好きな女性だった。ウェゲナーは、この愛情深く教育熱心な家庭の3男として生まれた。

父は、子どもたちの健康のために、ベルリン郊外《こうがい》にヒュッテ（山小屋）をつくり、休みのたびに家族を連れていった。

ヒュッテの周辺には森があり、美しい湖があった。ウェゲナーたちは森を探検して、昆虫《こんちゅう》を捕《つか》まえたり、湖で泳いだりして、疲《つか》れ果《は》てるまで遊んだ。

ウェゲナーの一番上の兄は盲腸炎《もうちょうえん》で早くに亡《な》くなってしまったが、2番目の兄クルトとウェゲナーは健やかに成長し、ドレスデン近くにあるケールニッシェ高等中学校に進んだ。

二人とも物理や化学が好きだった。それを知った父親は、発電機と化学の本を買ってくれたうえ、実験室として物置部屋を与《あた》えてくれた。兄弟はそこで研究者になった気分で実験をした。

二人はそれぞれ高等中学校を首席で卒業すると、大学へ進んだ。クルトは気象学を学び、ウェゲナーは天文学を学んだ。

ところが、ウェゲナーは、すぐに天文学が自分の性《しょう》に合わないことに気づいた。

「天文学の研究は、机《つくえ》に座《すわ》って勉強するか、望遠鏡《ぼうえんきょう》にかじりついて星を観察するかのどっちかだ。こんなにつらいものだとは思わなかったよ。もっと外に出て、体を動かしたいなぁ……僕は空にある星より、この地球という星のことをもっとよく知りたいんだ」

ウェゲナーはだんだんと、極地探検《きょくちたんけん》にあこがれを持つようになった。

ちょうどこの時代、ノルウェーの探検家フリチョフ・ナンセンが北極《ほっきょく》を探検したり、イギリスの探検家ロバート・スコットが南極探検をするなど、極地探検が話題となっていたのだ。

ウェゲナーはさしあたってできることとして、気象学を勉強し始めた。

「アルフレッド、お前、探検したいって言ってたな？」

「うん」

「こんどの夏、アルプスの山に登らないか？　教授に誘《さそ》われてるんだ」

「ほんとに？」

ウェゲナーは兄のクルトに誘われ、アルプスの山の中にある町インスブルックへ研修旅行に出かけることになった。1901年、ウェゲナーが20歳の時のことだ。

二人は夏の期間中、教授たちといっしょにインスブルックに泊《と》まり、アルプスの地質や植物を調べた。研修が終わって教授たちが帰ったあとも、二人は山に残り、アルプスの山々を歩きまわった。

この旅行は、ウェゲナーにとって、気象や岩石の勉強になった。

その後、ベルリンに帰った二人は、そのままベルリン大学で学ぶことになった。

ウェゲナーは天文学の勉強をそのまま続け、オーストリアのウィーンにある公立のウラニア天文台の助手となった。そして、１９０４年には学位論文をまとめ、フリードリヒ・ヴィルヘルムス大学（現在のフンボルト大学）で天文学の博士号を取得した。

一方、兄クルトは、大学での研究を終えると、オーストリア国境に近いリンデンベルクの航空測候《こうくうそっこう》所《じょ》の助手になった。クルトの仕事は、気球を使って雲の研究をしたり、成層圏《せいそうけん》の気象を調べることだった。

すると、ウェゲナーも天文台からこの測候所へ移ってきた。ここで彼は気球で上空へのぼって空気中の電気を測定したり、日食の観測を行ったりした。

こうしてさまざまな研究に励《はげ》んでいたウェゲナーのもとに、ある日、測候所の研究者であるケッペン教授がやってきて、こんな話を教えてくれた。

「たしか君は、極地探検に行きたいと言っていたね」

「はい」

「今度、デンマークの探検隊が、北極圏《ほっきょくけん》のグリーンランドに向かう計画があるらしい」

「ほんとですか？」

「もし参加したいなら、相談してみたらどうかね」

「ええ、さっそく行ってみます」

ウェゲナーの行動は早かった。すぐにデンマークのコペンハーゲンに向かい、探検隊のリーダーで、測地学者のペーター・コッホ中尉《ちゅうい》に会って話をした。

「僕は天文学の博士で、気象学も勉強しています。僕を探検隊に加えてもらえませんか?」

「たしかに君の経歴《けいれき》はすばらしいが、それでグリーンランドで何をしたいのかね?」

コッホ中尉は腕組《うでぐ》みをして聞いた。

「気象の研究をしたいんです。気球を使った高層気象の観測もできます」

「ほう。しかし、我々《われわれ》は気球なんて用意できないぞ」

「気球は自分で調達します」

「そうか、それならいいだろう。気象学者として参加を認めるよ」

「ありがとうございます!」

ウェゲナーは喜びいさんでベルリンに帰り、父に報告した。

「父さん、グリーンランドの探検隊に参加できることになったよ!」

「グリーンランド!?」

父は驚《おどろ》いた顔で言った。

「うん、行きたかった極地探検さ」

「そんな危険《きけん》なところに、わざわざ行かなくてもいいじゃないか」

「どうしてさ? 探検は僕の夢だったんだ。まだ誰も知らない未開の地を探検したいんだ」

「アルフレッド、よく聞くんだ。わしももう年をとって、いつまで生きられるかわからん。お前もそろそろ安定した仕事について、家庭を持ってもいいころじゃないか」

「わかってるよ。でも、これは僕にとって大きなチャンスなんだ。今回だけはやらせてほしい」

「そうか……そこまで言うならしかたない。お前の好きなようにしなさい」

「ありがとう、父さん」

父はウェゲナーの決意が固いことがわかると、それ以上引き留めようとはしなかった。それどころか、探検の費用を用意して、息子《むすこ》を応援《おうえん》してくれた。

またウェゲナーは、測候所《そっこうじょ》のケッペン教授に頼んで、グリーンランドで観測に使う気球を用意してもらった。

こうして準備が整うと、1906年6月、ウェゲナーたちの探検隊はグリーンランドに向けて出発した。

この探検の主な目的は、グリーンランドの地図をつくることだったが、そのほかに気象や天文、植物、動物、地質、氷河《ひょうが》などの調査や観測も行うことになっていた。

隊員は、地図製作《せいさく》担当のコッホのほか、7人の科学者と2人の画家という、全部で10人のメンバーだった。

一行は、はじめに船でグリーンランドの北東海岸まで行き、上陸した。

目の前に現れた大地は、ほとんどが雪と氷に覆《おお》われていた。美しい光景ではあったが、計り知れない謎《なぞ》に包《つつ》まれていた。ウェゲナーたちはつねに感覚を研《と》ぎすませ、注意深く行動する必要があった。

探検隊は、ここに2年間とどまった。彼らは犬ぞりであちこちをめぐり、観測をした。

ウェゲナーは、極地の気象だけではなく、地質や氷河《ひょうが》など、さまざまな調査を行った。特に極地での気球による上層大気の調査はこれが初めてのことだったので、大きな成果となった。

ウェゲナーは、このグリーンランド探検によって学者としての幅《はば》を広げ、また探検家としても自信を深めた。

1908年7月、ウェゲナーたちはグリーンランド探検から無事に帰還《きかん》した。

2年間にわたる探検の成果は、気象学会や、あちこちで行われた講演《こうえん》で報告され、人々の注目を集めた。そんな中、ウェゲナーの報告をもっとも喜んだのは、測候所のケッペン教授だった。

「先生にいただいた気球で、極地での気球観測に成功しました」

「それはすばらしい成果だ。必ずまとめて発表するんだよ」

「はい!」

ウェゲナーは、中部ドイツのマールブルク大学で、天文学と気象学を教える講師《こうし》となった。講師をしながら、グリーンランドで得たデータをもとに研究の成果をまとめ始めた。

「これだけじゃデータが足りないな……」

ウェゲナーは、執筆《しっぴつ》するうちに生じた疑問《ぎもん》を解消するため、遠く離れた地まで足を運び、気球観測を行った。

こうして、研究の成果を『大気の熱力学』という書籍として発表した。

1911年のある日、ウェゲナーは研究室で報告書を読んでいた。それは各大陸の古生物の分布を調べた本だった。すると、ある記述《きじゅつ》に目がとまった。

「んっ!?　どういうことだ?」

そこにはこう書いてあった。

――メソサウルスという爬虫類《はちゅうるい》の化石が、アフリカ南部と南アメリカのブラジル、ウルグアイ、パラグアイなどから発掘《はっくつ》されている。

おそらくこの報告書の著者《ちょしゃ》は、ただ事実を書いたにすぎず、それ以上の意味をもたせてはいなかったはずだ。ところがウェゲナーは、そこにまったく違う意味を見出していた。

「メソサウルスというのは、今からおよそ2億7千万年前に生息した爬虫類《はちゅうるい》だ。水の中に生息していた。となると、海をわたることも考えられるが、化石が発見された地層によると、メソサウルスは川や沼などの淡水《たんすい》にいたらしい。淡水にすむ動物が海をわたるとは考えられないが、仮《かり》にそれらの動物が海をわたるとしよう。そうだとしたら、アフリカ南部や南アメリカ以外の土地にわたってもいいはずだ。なぜ、この2つの地域にしかわたらなかったのだろう?」

ウェゲナーは、数ヵ月前に世界地図を見ていてひらめいたアイデアを思い出した。

――アフリカ大陸と南アメリカ大陸は、かつては一つの大陸だったのではないか?

ウェゲナーは、すぐに世界地図を広げた。

「淡水に生息するメソサウルスが、海をわたったとは考えにくい。この２つの大陸のあいだに、特別なつながりがあったと考えたほうが自然だ」

ウェゲナーは、古生物の分布に関する資料を集め、さらに調べることにした。

「古生物をヒントにすれば、このアイデアをもっと発展させられるかもしれない」

すると、調べれば調べるほど、おもしろいことが分かってきた。

――古生代のミミズの仲間は、アジア、ヨーロッパ大陸、北アメリカの東海岸地方にすんでいる。

――ガーデン・スネールというカタツムリの一種は、ヨーロッパ西部と北アメリカ東部にすんでいる。

「ミミズやカタツムリが、何千キロという海をわたるはずがない。ミミズやカタツムリは海に入ると死んでしまう、塩水には弱い生物だ。そうすると、鳥の体にくっついて移動したのか？　人間の船で運ばれたのか？　いや、古生代にはまだ鳥も人間も地球上には存在しない。ということは……どういうことだ？」

ウェゲナーは目を見開いた。

「……そうか！　アフリカと南アメリカだけではない。北アメリカとヨーロッパもくっついていたということだ。そうとしか考えられない」

ウェゲナーが見つけた情報は、これだけではなかった。

――現在、インドやセイロン島（スリランカ）、東南アジアの島々に生息するレムール（キツネザル属）という原始的なサルの一種は、マダガスカル島などアフリカの一部にもすんでいる。

ウェゲナーは、もはや驚くことなく、冷静に分析《ぶんせき》した。

「……ということは、インドやマダガスカル島も、かつてはアフリカとくっついていたということだな。これは、たいへんなことになったぞ。まだまだいろんな証拠《しょうこ》があるはずだ」

なぜ、何千キロも海をへだてた場所から、まったく同じ種類の生物が見つかったのか？　その事実をどう解釈《かいしゃく》したらいいのか？

こんな疑問《ぎもん》を持ったのは、実はウェゲナーが最初ではない。古生物学者や地質学者らも、それまで何度も議論してきたことだった。

彼らの説明では、「大昔には、長い長い陸の橋が大陸と大陸をつないでいた」ということになっていた。この橋を「陸橋《りっきょう》」という。つまり、カタツムリやサルは「陸橋」をわたってきたというのである。

この陸橋の一覧表《いちらんひょう》をつくった学者もいる。それによると、アフリカと南アメリカ、ヨーロッパと北アメリカ、マダガスカル島とインド、オーストラリアやインドとアフリカが陸橋でつながっていたという。それぞれの大陸のあいだは何億年間も陸橋でつながっていたが、それが徐々に海底に沈《しず》んでしまったというのだ。

「なるほど、陸橋か……。この何千キロという長さの陸橋を、カタツムリやサルがわたっていったというのか？」

ウェゲナーはそんな想像をして、首をひねった。

「もちろん陸橋といっても、10メートルや20メートル幅《はば》の細い橋ではない。何百キロ、何千キロの幅のある陸橋だろう。つまりは、かつては各大陸は陸続きになっていたということを言いたいんだ。しかしそうなると、海底にはなんらかのあとが残っているはずだ」

調べてみると、大西洋の海底には、たしかに高く盛《も》り上《あ》がった山脈があった。しかし、その山脈の向きは、ヨーロッパと北アメリカを結ぶ方向ではなく、両大陸の海岸線と平行になっていた。

「やはり陸橋という説には無理があるんじゃないか。学者たちは、大昔から大陸は絶対に動かないとかたく信じているから、途方《とほう》もない考えで無理やり説明をつけようとするんだ。でも、ぼくはそうは思わない。大陸は移動するんだ。それですべて理屈《りくつ》が通る」

ウェゲナーは、こうして「大陸移動説」のアイデアをかためていった。

ちょうどその時、学界で興味深い報告があった。

――スカンジナビア半島や北アメリカ大陸の北部が上昇《じょうしょう》している。しかも、１ミリや２ミリではない。１００年間に最大で約１メートルも上昇したというのだ。

大陸の上昇の理由は、氷河だった。この地方には、最大で２千メートルから３千メートルの厚さの氷河があったとされる。その重さによって、一部の陸地が５００メートル近く沈《しず》んでいた。しかし、氷河が2万年前頃から解けはじめたことで、沈んでいた陸地が少しずつ上昇しているというのだ。

この大陸の上下運動は、「アイソスタシー（地殻均衡論《ちかくきんこうろん》）」という考えで説明される。

地球内部は、地表から60キロメートルほどの深さまでは、ほぼ同じような物質でできている。この部分を地球の「地殻《ちかく》」という。この地殻の表面の高いところが「陸地」であり、低くて水がたまったところが「海底」だ。

陸地と海底では、少し地質が違っていて、重さが違う。海底よりも陸地の地質のほうが軽い。陸地は厚みがあるかわりに軽く、海底は薄《うす》いかわりに重い。こうして重さのバランスがとれているのだ。これを「アイソスタシー」という。この原理から、陸地にのっていた氷河が解けると、その重しがなくなった分だけ陸地は浮《う》き上《あ》がる。

陸地が上昇したという報告は、ウェゲナーを喜ばせた。

「陸地が何百メートルも上昇するということは、その周辺の大地もそれにつられて動くはずだ。上下に動くなら、左右にだって動かないはずがない。大陸は今でも動いているはずだ」

ウェゲナーは、大陸が動いていることを裏《うら》づけるデータを探した。

「そういえば、グリーンランドが移動しているという報告を読んだことがあるな」

その時、デンマークの測地学者コッホのことを思い出した。ウェゲナーが参加したグリーンランド探検隊のリーダーだ。

ウェゲナーはすぐにコッホに会いに行った。

「グリーンランドが移動していると聞いたことがあるんですが、そのことについて知りませんか？」

「ああ、たしかにそうだよ。グリーンランドは移動している」

「ほんとですか？　どれぐらいの速度かわかりますか？」

「ちょっと待って……」

コッホは机の上に積み上がった資料の中から、１枚の紙を引っ張りだした。

「これだ……。えっと、グリーンランドは一定の速度でヨーロッパから遠ざかっているんだよ。１８２３年から１８７０年のあいだに、４２０メートルも離れている」

「ということは、……１年あたりおよそ９メートルも移動していることになりますね」

「そうだね」

「大陸が移動していることは確かなんだ……」

ウェゲナーは、こうした根拠《こんきょ》をもとに、大陸が動くという「大陸移動説」を次のようにまとめた。

――まず、２億年以上前、地球には大西洋もインド洋も北極海もなく、「パンゲア大陸」というひとかたまりの大陸があり、それを取《と》り囲《かこ》む形で一つの巨大《きょだい》な海があった。

ウェゲナーは、この海を「パンサラッサ」と名づけた。

――やがてパンゲア大陸から南極大陸とオーストラリア大陸が離れ出し、南北アメリカもアフリカから分裂《ぶんれつ》を始めた。そして、インドはアフリカを離れて、北東へ移動。それから、ヨーロッパと北アメリカが分裂し、グリーンランドとノルウェーが分裂し、ほぼ現在のような姿《すがた》となった。

ウェゲナーは、このような大陸移動のプロセスを描いた。移動していく大陸の様子を想像していると、彼の頭の中でひらめくものがあった。

「そうか！　アフリカにくっついていたインドが、アジア大陸を押しつけるようにどんどん北上し、アジア大陸の下にくっついた。この時にヒマラヤ山脈ができたんだ！」

ヒマラヤ山脈は、世界でもっとも高い山脈である。

それまで、ヒマラヤやアンデス、ロッキー、アルプスなど、世界の大山脈ができた理由は「収縮《しゅうしゅく》説《せつ》」で説明されていた。つまり、地球が冷えて小さくなった時にできた「しわ」が山脈だと考えられていたのである。

ところが研究が進むにつれて、これらの世界の大山脈は、地球の長い歴史のなかでいうと、ごく最近にできたことがわかってきた。その時に地球が冷えたとすると、もともとの地球はかなり高温だったことになる。だがそうだとすると、他の事実とつじつまが合わない。

大山脈の発生を収縮説で説明するには無理があった。

「収縮説よりも、大陸移動説で考えたほうが自然だ。ヒマラヤ山脈はインドがアジア大陸に衝突《しょうとつ》して押し上げたものだし、アルプス山脈はアフリカとヨーロッパの衝突《しょうとつ》でできたものだ」

ウェゲナーは、大陸移動説の正しさを確信した。

「でも、このままでは誰も納得してくれないだろう……」

自説に自信をもっていたウェゲナーだが、この説が支持を得るのは難しいとわかっていた。あまりに常識《じょうしき》から外れた考えであったうえ、ある人きな課題が残っていたからだ。

「いったい、大陸を動かした力はなんなのか？　その力の出所《でどころ》を明らかにしなければ、大陸移動説は完成しない」

ウェゲナーは、この謎《なぞ》を明らかにするべく、研究を続けた。

その結果、大陸は二つの方向に移動していることが見えてきた。

一つは、オーストラリアやインドのように極地方から赤道へ向かう方向で、もう一つは、南北アメリカのように西に向かう方向である。

まず、一つめの赤道に向かう力とは何か？

陸地にはたらく浮力《ふりょく》と重力が打ち消し合った時に、重力が赤道の方向に少しかたよるために、わずかに赤道に向かう力が生まれる。これを「離極力《りきょくりょく》」と呼《よ》ぶ。ウェゲナーは、この離極力が、大陸を赤道の方向へ向かわせる原動力だと考えた。

では、二つめの大陸を西に移動させる力は何か？

これについては、はっきりした正体が分からなかったが、ウェゲナーは「潮汐力《ちょうせきりょく》」だと考えた。つまり、地球上の潮《しお》の満ち引きの原因になる、月や太陽の引力である。

この潮汐力は、海の水だけではなく、地殻《ちかく》にもはたらいている。この潮汐力が何億年という長いあいだに、大陸を動かしていると考えたのだ。

こうして、大陸移動説を発表する準備が整った。

1912年1月、フランクフルトで開かれた地質学協会の総会で、ウェゲナーは「大陸移動説」を発表した。

ところが、学者たちの反発《はんぱつ》は、思いのほか激《はげ》しいものだった。

「ウェゲナー先生、専門外の学問に手を出すのはおやめになって、あなたのご専門《せんもん》のほうを研究なさったらどうですか？　あなたは気象学の謎《なぞ》でも解いていたらいいでしょう」

こんな意地悪で皮肉めいた批判《ひはん》に対し、ウェゲナーは言った。

「学問を研究する態度は一つだと思います。たとえ専門外だとしても、今までの考えがおかしいと気づいたら、とことんまで究《きわ》めていくべきです。それが真理を探究する学者の役割です」

中には、皮肉ではなく、きちんとした反論をする者もいた。

「大陸を移動させる原動力について疑問《ぎもん》ですね。大陸を赤道に押し進める離極力《りきょくりょく》にしても、大陸を西へ向かわせる潮汐力《ちょうせきりょく》にしても、あまりに小さな力にすぎない。大陸を動かすほどの力だとは思えません」

「ひとかたまりになっていた原始大陸が移動を始めたのは、約2億年前からだと言いましたね？　地球の長い歴史からみれば、2億年は何十分の一にすぎない短い時間です。その間に大陸の大移動という大変動が急に起きたというのは、どう考えてもおかしいのでは？」

ウェゲナーは、これらの指摘《してき》に反論することができなかった。

また、べつの学者はこう言った。

「南北アメリカとアフリカ、ヨーロッパをくっつけてみると、たしかにぴったりと合うところもありますが、中央アメリカのあたりは、何千キロにわたって隙間《すきま》ができてしまう。あなたは、都合のいいところだけを取り上げているにすぎないのでは?」

だが、この指摘に対しては、ウェゲナーをかばう学者もあらわれた。

「小さなパンやケーキとちがって、巨大《きょだい》な大陸が何千キロも移動するのですから、形が変わったり、欠けたところもでてくる。むしろ、隅々《すみずみ》までぴったり合うほうが不思議ではありませんか?」

しかし、ウェゲナーの説を認めようとする学者はほんのわずかで、大陸移動説が支持されたとはいえなかった。

「大陸を動かす力が何なのか。これは、僕の説の最大の弱点だな」

ウェゲナーはあらためてそう思った。しかし、悲観はしていなかった。

1912年7月、ウェゲナーはコッホらとふたたびグリーンランドを探検した。久しぶりの探検は、彼を生き生きとリフレッシュさせた。

探検を終えて1年ぶりにドイツに帰国すると、まもなく結婚した。お相手は、ケッペン教授の娘エルゼだった。ウェゲナー33歳の時だ。

ウェゲナーは大学の講師を務めながら、講義のない日は家で気象学の研究をしたり、本や論文の執《しっ》筆《ぴっ》にあたった。だが、それだけでは生活が苦しかったので、妻のエルゼが翻訳《ほんやく》の仕事をして家計を支えた。

裕福ではなかったが、二人にとっては、もっとも平和で幸せな時だった。

しかし、その幸せも長くは続かなかった。1914年8月、第一次世界大戦が始まったのである。ウェゲナーは、ただちにドイツ軍の召集《しょうしゅう》を受け、軍の将校として戦地に向かった。

「いっさいを忘れて、祖国のために戦う!」

そう意気込んでいたものの、現実は厳《きび》しかった。敵《てき》の軍には、それまで共にグリーンランドを探検したデンマーク人たちもいて、彼らと撃《う》ち合《あ》いをしなければならなかったのだ。ウェゲナーには耐《た》えがたい体験となった。

ウェゲナーは2度の負傷《ふしょう》で戦地を離れて家族のもとへ戻《もど》り、戦時中の1915年に『大陸と海洋の起源《きげん》』を出版した。これは大陸移動説についてまとめた大論文だった。この本はそれ以降、版を重ねるごとに新しい発見を盛《も》り込《こ》んでいった。

しかし、その評判《ひょうばん》はさんざんで、科学界からはほとんど無視されていた。

1918年の秋、戦争は終わった。世界を相手に戦ったドイツは敗戦国となった。戦後のドイツでは物価がどんどん上がり、ウェゲナーたちの生活もいよいよ苦しくなった。

ウェゲナー夫妻には二人の娘が生まれていたが、家族はケッペン教授の家、つまり妻エルゼの実家に身を寄《よ》せて暮らした。

ケッペン教授は言った。

「君の大陸移動説は興味深いが、私はまだ信じられないよ」

「証拠《しょうこ》が不十分なのはわかっています。でも、少しずつでも証拠を集めて、完成させたいと思っています」

「そうか。私にできることなら、協力するよ」

ケッペン教授は、はじめ大陸移動説に否定的な立場をとっていたが、資料集めに協力し、やがては共同研究を行うようになった。

1924年、オーストリアのグラーツ大学からの誘《さそ》いを受けて、ウェゲナーは同大学の教授となった。そしてこれを機にドイツを離れ、家族も一緒に同地に移り住んだ。

そこはアルプスの山々をのぞむ静かな町で、ウェゲナーはここに腰《こし》を落ち着け、これまでの研究を深めていった。気象学の研究はもちろん、地球物理学の研究会をつくり、そこで大陸移動説を中心とした研究も進めた。地球物理学の研究会には、多くの教授や学生が集まってきた。

「このまま研究会を重ねていけば、大陸移動説の考えにも支持が集まるかもしれない」

ウェゲナーはそう考えていた。

1928年の春——。
ドイツから一人の男が訪ねてきた。ゲッティンゲン地球物理学研究所のマインアルドゥス教授だった。彼はあいさつもそこそこに、こう言った。

「ウェゲナー先生、今度、ドイツでグリーンランド探検を計画しているんです。何度もあそこを探検されたウェゲナー先生に参加いただけないかと思いまして」

「グリーンランド探検ですか……。ありがたいご依頼《いらい》ですが、僕にはもうそんな気力は……」

「先生には、隊長を引き受けていただきたいんです。隊長なら、思う存分やりたい調査をしていただけます」

「隊長ですか？」

ウェゲナーには調べたいことが山ほどあった。自分がやりたい調査を自由にできる。こんなチャンスはなかなかない。

「わかりました。お引き受けいたしましょう！」

ウェゲナーは、さっそく探検調査の計画を練った。

自由にできるとはいえ、費用が限られるため、何もかもできるわけではない。ウェゲナーは慎重《しんちょう》に考えたうえで、内陸氷河《ひょうが》の研究を一番の目的においた。氷河の厚《あつ》さや正確な標高《ひょうこう》、内部の温度、運動の様子、氷河上の重力の測定などを行うのだ。

これらの目的を達成するためには、前もって予備探検を行う必要があった。約1年の準備をへて、1929年7月から2ヵ月にわたって予備探検が行われた。

そして翌年の1930年4月、本番のグリーンランド探検がはじまった。科学者11人、技術者6人、それに数人のアイスランド人を含《ふく》む大規模《だいきぼ》なものだった。

彼らは「ディスコ号」という探検船でグリーンランドに向かい、西部海岸に上陸すると、そこに「西部観測所」という拠点《きょてん》を築いた。ここから内陸に物資を運び、「内陸観測所」を建設する。すべての物資を運ぶためには、西部海岸と内陸を何度も往復《おうふく》しなければならない。本格的な冬が始まるまでに内陸観測所を建設する計画だった。

しかし、天候《てんこう》はきまぐれで、探検隊はしばしば悪天候に見舞《みま》われた。しかも輸送《ゆそう》の負担《ふたん》を軽くするために新たに持ち込んだプロペラぞりが動かなかったこともあり、当初の計画通りに物資が運べなくなってしまった。

「隊長、プロペラが故障《こしょう》して動きません」

「そうか。それなら、犬ぞりで行くしかないね」

こんな事態にも、ウェゲナーは少しもあわてなかった。探検にトラブルはつきものだということを、よく分かっていたからだ。

しかし、犬ぞりでは予定通りのペースで荷物を運搬《うんぱん》することができず、予定の計画はどんどん遅《おく》れていった。

9月になった。内陸観測所の建設計画は、予定から1ヵ月遅れていた。もしも内陸観測所が完成しなければ、隊員は冬の寒さで、みな凍死《とうし》してしまう。

ウェゲナーは、この探検を計画した隊長として、少しずつあせりを感じはじめていた。気温は零下《れいか》40度を下まわり、毎日、吹雪《ふぶき》が吹《ふ》き荒《あ》れるようになった。

11月に入った。

「西部観測所へ行ってくる！」

ウェゲナーは隊員にそう言って、内陸観測所の仮小屋《かりごや》を飛び出していった。隊員が外をのぞいた時には、犬ぞりにのったウェゲナーの姿《すがた》が吹雪にかき消されるところだった。

「気をつけて！」

大声で叫《さけ》んだが、ウェゲナーには届いていなかった。

西部観測所までは、200キロ近い道のりだった。

やがて季節は太陽がのぼらない厳冬《げんとう》に入り、内陸部の隊員と西部観測所との連絡は断《た》ち切《き》られた。

隊員たちは内陸の仮小屋でやっとの思いで冬を越《こ》した。

翌年の5月、西部観測所の隊員たちが犬ぞりとプロペラぞりでやってきた。

「みんな無事か？」

「ああ。なんとかね」

西部観測所の隊員が、あたりを見回して尋《たず》ねた。

「あれっ？　ウェゲナー隊長は？」

「なに言ってるんだ。そっちに行っただろ？」

「いつのことだ？」

「去年の11月だよ」

「来てないよ。隊長は内陸にいたはずだろう」

「いや、11月に西部観測所に行くと言って出ていったきりだ。てっきり、そっちで冬を過ごしたと思っていたけど」

このとき、ウェゲナーが行方不明《ゆくえふめい》になっていることが、ようやく判明《はんめい》した。

隊員たちは、すぐに全員で捜索《そうさく》を開始した。

すると8日目、海岸から20キロの地点でスキーの先らしいものが見つかった。隊員たちが用心深く雪を取り除いていくと、凍死《とうし》したウェゲナーの姿《すがた》が現れた。眠《ねむ》っているような表情で、今にも起き出しそうだった。

吹雪で犬ぞりが使えなくなったために、スキーに履《は》きかえて西部観測所をめざしたのだろう。しかし、猛吹雪《もうふぶき》と零下《れいか》何十度という厳《きび》しい寒さが、彼の命をあっというまに奪《うば》ってしまったのだ。

「あの時、僕が止めていれば……」

出発を見送った隊員は泣《な》き崩《くず》れた。

隊員たちは、横たわるウェゲナーを雪の中にうずめて、長い黙祷《もくとう》をささげた。

ウェゲナーは、つねに真理を求めて探究した独創的《どくそうてき》な科学者だった。それだけではなく、自然を愛した勇敢《ゆうかん》な探検家でもあった。

ウェゲナーは、彼が愛したグリーンランドの氷河に、今も眠《ねむ》っている。

ウェゲナーが早くに亡《な》くなってしまったことで、大陸移動説を唱える者はいなくなり、この説は科学界から忘れられていった。

ところが第二次世界大戦後、意外なきっかけで大陸移動説は注目を集めるようになる。

１９５３年、ロンドン大学の研究グループが、地球の磁場《じば》についての大がかりな調査を始めた。

地球は大きな磁場をもっている。これを「地磁気」という。火山岩などの岩石ができたとき、岩石の中にはその当時の地球の磁場の方向が残る。この昔の岩石が示す地磁気の向きと、現在の地磁気の向きを比べると、その岩石を含《ふく》む大陸がどこにあったのかを調べることができるのだ。

ロンドン大学のグループは、世界中に調査隊を送り込み、岩石中の磁気を調べ、昔の大陸の位置を割り出した。

その結果、イギリスのブリテン島が三畳紀《さんじょうき》以後に北上したらしいことや、右まわりに30度回転したらしいことがわかった。

さらに、現在は北緯19度に位置するインドのムンバイは、ジュラ紀には南緯40度にあったことがわかった。つまり、インドはもともとアフリカの南端《なんたん》にあったが、北へ北へと移動したことがわかったのだ。

この発表は、学者たちにすぐさまウェゲナーの大陸移動説を思い起こさせた。

「ウェゲナーが唱《とな》えていた、インドの移動と見事に一致《いっち》しているじゃないか」

大陸移動説が長い時を経て復活した瞬間《しゅんかん》だった。

その後、地球内部のマントルについての研究が進み、マントル対流によって海底が移動しているとする「海洋底拡大説《かいようていかくだいせつ》」が支持され始めた。これをもとに、地球の表面が何枚かの岩盤《がんばん》（プレート）で構成《こうせい》されているとする「プレート・テクトニクス」という理論が完成した。

この「プレート・テクトニクス」という理論によって、ウェゲナーが苦戦した大陸移動の原動力の謎《なぞ》にも説明がつくことになった。ウェゲナー自身が想定していたメカニズムとは異なる仕組みだったが、彼がひらめいた「大陸は動く」という考えは、プレート・テクトニクス理論によって証明《しょうめい》されたのだ。

こうして、この地球という星の謎が一つ、解き明かされたのである。

科学の
先駆者たち

宇宙のはじまりをのぞいたロシア人

ガモフ

ジョージ・ガモフは、1904年、黒海をのぞむロシア（現在のウクライナ）の町、オデッサ（オデーサ。以下、表記は当時の領土に準じる）に生まれた。学校では数学や物理が得意だったガモフは、地元の大学の物理数学部に入ると、たちまちその才能を発揮《はっき》するようになった。

「あいつは物理学の才能があるようだな」

「昔から好きだったからね」

両親は息子の成長に目を細めた。ガモフの家庭は、父は高校の国語教師、母は女学校で地理・歴史の教師を務める教育一家だった。二人とも職業柄《しょくぎょうがら》教育熱心で、息子にはできる限り最高の教育を与《あた》えたいと思っていた。

「こんな田舎《いなか》の大学にいてはもったいない。レニングラード（現在のサンクトペテルブルク）の大学に行かせてあげようじゃないか」

「でも、あなた。うちにはそんな余裕はありませんよ」

オデッサでの暮らしは楽ではなく、とても都会の大学に留学させるようなお金はなかった。

「気にすることはない。居間《いま》に飾《かざ》ってある銀器を売り払《はら》えばいいさ」

「あれは家に代々伝わるものでしょ？　それはいけないわ」

「飾っておいたって何にもならない。ジョージの才能のために使ってやったほうが、ご先祖《せんぞ》さまも喜ぶだろう」

こうしてガモフは、父の工面した留学資金で、ロシアの大都市、レニングラードへ向かうことになった。

「お父さん、ありがとう。しっかり勉強してきます」

「うん。気をつけてな」

レニングラード大学に入ったガモフは、順調に単位を取得し、卒業の見込みが立った。大学院に進む準備をしていた時、たまたま大学の掲示板《けいじばん》で見かけた講義《こうぎ》の案内に目がとまった。

――レニングラード大学出身、アレクサンドル・フリードマン教授が「相対性理論《そうたいせいりろん》の数学的基礎《きそ》」の講義を行う。

物理学の中でも、アインシュタインの相対性理論は当時の最先端《さいせんたん》の学問だった。

「気になっていた相対性理論の講義だ……。もう単位は必要ないけど、受講してみよう」

ガモフはさっそく、フリードマンの講義に出席した。

「相対性理論を使って数学的に計算すると、宇宙は膨張《ぼうちょう》を続けるか、つぶれるか、あるいは膨張したあとでつぶれるかのいずれかになる」

フリードマンは、はっきりとそう説明した。フリードマンは「膨張宇宙論」を最初に提唱《ていしょう》した人物だった。講義の中でも、その理論を紹介《しょうかい》していたのだ。

しかし、これは当時としてはかなり革新的《かくしんてき》な説であり、科学界ではほとんど無視されていた。相対性理論の生みの親であるアインシュタイン本人も、「宇宙の膨張などありえない」とはっきりと否定《ひてい》していたのである。

ガモフもそのことを知っていた。いてもたってもいられなくなったガモフは、思わず挙手して質問をぶつけた。

「教授！　質問があります」

「なんだね？」

「アインシュタインは、時間がたってもかわらない『静的な宇宙』モデルを唱《とな》えています。教授のお考えとはまったく違います。なぜでしょうか？」

「いい質問だね」

フリードマンはそう言うと、落ち着いた声で説明した。

「アインシュタインは、宇宙空間に『斥力《せきりょく》（押し返す力）』があると考えた。つまり、宇宙同士は重力で引き合うが、空間がそれを押し返す力があるとした。それによって、宇宙全体の大きさが常に一定になると考えたわけだ。この考えのもとに、彼が一般相対性理論の方程式に加えたのが『宇宙項』だ。しかし、今のところ、宇宙空間に斥力が働いていることを示す観測的な証拠《しょうこ》は何もない」

「教授は、宇宙項を一般相対性理論に入れるべきではないとお考えなのですか？」

「根拠《こんきょ》がないものは入れる必要がない。宇宙項を取り去って、一般相対性理論にもとづいて素直に計算するべきだ。そうすれば、宇宙が一定の大きさを保つことが難しいことがわかる。宇宙は膨張したり、収縮したりするはずだ」

フリードマンは数学者だった。宇宙を物理学的に考えるのではなく、純粋《じゅんすい》に一般相対性理論にもとづいて計算した結果たどり着いたのが、膨張宇宙論だったのである。

この頃、膨張宇宙論を唱えたもう一人の人物がいた。ルメートルである。ルメートルは、ハッブルから手に入れた星雲のデータと一般相対性理論を結びつけて、膨張宇宙論を築き上げた。

しかし、フリードマンの説にしても、ルメートルの説にしても、アインシュタインから強い反発を受け、科学界に受け入れられることはなかった。アインシュタインを信じるべきか、それともフリードマンを信じるべきか。ガモフに迷《まよ》いはなかった。

「宇宙膨張論こそ、自分が求めていた研究だ。フリードマン教授のもとで一般相対性理論を学ばせてもらおう」

フリードマンの講義が終わるころには、ガモフの決意は固まっていた。

ところが、悲劇《ひげき》が起きる。その年、フリードマンが病《やまい》におかされ、突然《とつぜん》亡《な》くなってしまったのだ。

「なんてことだ。これからという時に……」

ガモフはしかたなく、別の指導教官のもとで学ぶことにした。

その教官はフリードマンとは対照的に、学生の指導にはあまり熱心ではなく、また一般相対性理論にも精通《せいつう》していなかった。

「一般相対性理論をもとに、宇宙の研究をしたかったのに、なんでこんな研究をしないといけないんだろう……」

ガモフが取り組むことになったのは、小さな分子や原子の中で起きる物理現象を解き明かす量子力学という分野の研究だった。広大な宇宙とは正反対の、小さなミクロの世界の話だ。

「やりたかったのは、これじゃない。宇宙とはまるで関係ないし、時間の無駄《むだ》だ……」

ガモフは、少し投げやりな気持ちで量子力学の研究をした。ところが、この時身につけたことが、のちにガモフの研究に、大いに役立つことになる。

実はこの時代、ドイツのウェルナー・ハイゼンベルクや、オーストリアのエルビン・シュレーディンガーといった研究者によって、量子力学の研究が花開こうとしていた。量子力学は当時の最先端《さいせんたん》の研究分野だったのだ。

ガモフはのちに、この最先端の量子力学を使って、宇宙の研究をそれまでにないレベルに発展させていくことになる。反対に言うと、この時量子力学を学んでいなければ、その後のガモフの活躍《かつやく》はなかったといってもいい。

1928年の夏、ガモフは国外留学をする機会を得て、ドイツのゲッティンゲンで学ぶことになった。それから、デンマークのコペンハーゲン大学のニールス・ボーアの招《まね》きを受けて、同大学の理論物理学研究所で1年間、特別研究員として過ごした。

ボーアは1922年のノーベル物理学賞の受賞者で、量子力学の第一人者だった。

ガモフがコペンハーゲン大学の研究所に入った時、そのボーアが、ある難問にぶつかっていた。

「α崩壊《アルファほうかい》がどうやっても説明できないんだ。ガモフ君、キミはわかるか?」

「α崩壊ですか？」

ボーアは、大学にやってきたばかりのガモフに助言を求めた。

α崩壊とは、原子の中心にある原子核《げんしかく》から、放射線のα線（α粒子《りゅうし》）が放出される現象である。

α線は、原子核から抜け出すほどのエネルギーをもっていないのに、原子核から放出されるので、どのようなしくみになっているのか謎《なぞ》とされていた。

「ぜひ、僕に考えさせてください」

しばらくして、ガモフは研究結果を論文にまとめて、ボーアに見せた。

「ボーア先生！　α崩壊のしくみが分かりましたよ。トンネル効果です」

「トンネル効果!?」

「α線自体は、原子核から抜け出すほどのエネルギーをもっていません。しかし、温度を高くすると、熱運動によって生じた大きなエネルギーで、原子核から抜け出すことができます。まるで原子核の壁《かべ》にできたトンネルを抜けるように……」

「原子核のトンネルを抜けるから、トンネル効果というわけか？」

「そうです。これがα崩壊のしくみです」

「なるほど、熱運動がカギを握《にぎ》っていたんだな」

「ところで先生。原子核の融合《ゆうごう》は、このトンネル効果の一つの例ではないかと思うのですが」

「そうだな。それはありえるかもしれない」

α崩壊の「トンネル効果」について書いたこのガモフの論文は、大きな反響《はんきょう》を呼《よ》んだ。これをきっかけに、ガモフの名は広く知《し》れ渡《わた》るようになった。

そしてガモフにとって重要だったのは、自分のやっていた量子力学が、徐々に宇宙の研究に近づいていったことである。ガモフの研究は、「太陽などの恒星《こうせい》が、なぜ燃えているのか」という研究につながっていったのだ。

すでに1920年に、イギリスの天文学者のアーサー・エディントンが、「恒星が燃えているのは、なんらかの原子核反応による」という説を唱《とな》えていた。

そして、その9年後、イギリスのアトキンソンとドイツのハウテルマンスの二人の物理学者が、ガモフの説を受け、「恒星は核エネルギーによって燃えている」という説を唱《とな》えた。

ガモフ自身もこう考えた。

「1000万度を超える太陽や星の中心部での激しい熱運動は、原子核の融合反応によって起こるはずだ。でも、どうやって?」

同じ頃、ハッブルの膨張宇宙論《ぼうちょううちゅうろん》によって「膨張する宇宙モデル」が広く支持を得るようになり、宇宙をめぐる議論は大きな転換期《てんかんき》を迎《むか》えようとしていた。

1931年の春、ガモフはレニングラード大学へ戻《もど》り、教授となった。しかし当時のロシアは、革《かく》命《めい》によって独裁的《どくさいてき》なソビエト政府が成立し、大学の研究に対する監視《かんし》も厳《きび》しくなっていた。特に世界的に名の知れたガモフは、政府から目をつけられていた。

「こんなところにいては、自由な研究ができない」

ガモフは、妻《つま》とともに国外に出ようとした。しかし予想通り、パスポートの交付が拒否《きょひ》されてしまった。

「やはりダメか……こうなったら、亡命《ぼうめい》するしかないよ」

「亡命!?」

妻は怖《こわ》がったが、ガモフの決意は固かった。

深夜、ガモフは妻を連れてひそかに家を出ると、黒海に面した港に向かった。そこで、用意しておいた小さなボートに乗り込み、自分で必死にこいで沖に出た。

計画では、広い黒海を横切って、トルコへ脱出《だっしゅつ》するつもりだった。しかし、真《ま》っ暗闇《くらやみ》の海を正しい進路で進むなど、そもそも不可能だった。思いのほか波も強く、気づいた時には近くの浜辺に打ち上げられていた。計画は失敗に終わった。

しかし、ガモフはあきらめなかった。

「これだ！ これならうまくいくよ！」

「どうしたの？」

ガモフは、届《とど》けられた1枚の手紙を妻に見せた。それは、量子力学についての国際会議の招待状《しょうたいじょう》だった。

「これが何になるの？」

「場所を見てくれ。10月にベルギーのブリュッセルで開かれるんだ。この会議に出席するという名目でパスポートを申請《しんせい》したら、必ず発行されるはずだ。それで国外に出られるよ」

「もう二度と戻《もど》らないつもりね」

「そのつもりだ。キミはいいかい？」

「あなたについていくわ」

妻は、小さくうなずいた。

1933年、パスポートを手にした二人は、レニングラードからフィンランドのヘルシンキ行きの汽車に乗り、ロシアを脱出《だっしゅつ》した。それからブリュッセルの会議に出席。会議終了後、ロシアに戻ることはなかった。ロンドンへ渡り、さらにアメリカ行きの船に乗ったのである。

1934年、ガモフはジョージ・ワシントン大学の教授として迎《むか》え入《い》れられた。ようやく自由に安心して研究できる環境《かんきょう》を手に入れたのだ。


ガモフがアメリカで特に力を入れたのは、「恒星《こうせい》のエネルギー源」に関する研究だった。ガモフは、さまざまな研究者を集めて会議を開くなどして、研究を推《お》し進《すす》めた。

すると1938年、二人の研究者がある重要な発見を発表した。

アメリカの物理学者ベーテとドイツの物理学者ワイツゼッカーが、「恒星の内部で起こる核融合《かくゆうごう》が恒星の熱源である」ということを突《つ》き止《と》めたのだ。

そのしくみは、４個の水素が衝突《しょうとつ》して核融合を起こし、最終的に１個のヘリウムができる時に、失われる質量に対応したエネルギーが生まれ、これが恒星の熱源となっているというものだった。

また、この核融合反応によって、恒星の内部には炭素や窒素《ちっそ》、酸素など、さまざまな元素が合成されると考えられた。ここから、「宇宙に存在する元素はすべて、恒星の内部の核融合でつくられた」と考える研究者も現れた。

しかし、ガモフは、この考えの問題点に気づいた。

「恒星の内部の核融合《かくゆうごう》では、鉄より重い元素がつくられない。だとしたら、重い元素は別のプロセスでできたことになる……」

ガモフはあらゆる可能性を探った。

「もしかしたら、重い元素は、恒星や星雲が形成される前に宇宙で起きた『何か』によって生まれたのではないか。鉄やウラニウムのような重い元素は、恒星がつくられるはるか以前、宇宙が始まった初期段階につくられたのではないか」

この気づきは、必然的にガモフの目を「宇宙の始まり」というテーマに向けさせることになった。

「そうだ！　フリードマン教授だ！　フリードマン教授の膨張宇宙論《ぼうちょううちゅうろん》がヒントになる！」

ガモフは、若き日の自分をもっとも惹《ひ》きつけた、フリードマンの膨張宇宙論を思い起こした。

「宇宙はどんどん膨張する。ということは、膨張する宇宙を逆向きにさかのぼっていけば、宇宙のはじめには、たいへんな高温度と高密度になる。まるで火の玉のように……。その高温度のもとで、現在の宇宙にあるすべての元素がつくられたのではないか」

数学者のフリードマンは、宇宙の中の物質のことなど、何も語ってはいなかった。しかし、量子力学の知識を十分に備えたガモフは、フリードマンの理論と量子力学を結びつけて考えることができたのだ。

ガモフには、フリードマンの膨張宇宙論をもとに、宇宙のはじめに何が起こり、どんな物質がつくられたのかを探る準備ができていた。

１９３９年から始まった第二次世界大戦により、ガモフだけでなく、あらゆる研究者の研究が中断された。しかし戦後になると、ガモフの研究は遅《おく》れを取《と》り戻《もど》すように、急ピッチで進展していった。１９４６年、ガモフのもとに、才能豊かな若い学生たちが集まってきた。ガモフは、数学的な計算が優《すぐ》れているとはいえなかったが、想像力豊かな研究者として学生たちに評判《ひょうばん》だった。

そんな学生たちの中に、ラルフ・アルファという青年がいた。彼はロシア系ユダヤ人の移民の息子で、ニューヨーク市立大学のシティカレッジを優秀な成績で卒業していた。ガモフのもとで研究をして、名声を得たいと意気込んでいた。

ガモフは、このアルファと協力しながら、毎日のように「宇宙のはじめに何が起きたのか」という問題に取り組んだ。

「ルメートルは、『宇宙のはじまりは原初原子だった』と言っている。その原子とは、いったいどんな状態だったのか？」

「原子さえなかったとは考えられないでしょうか？」

アルファが言った。

「なるほど、まだ原子さえなかった……むしろ、中性子のみから成っていたのかもしれない」

当時、物理学の分野では「中性子」が発見されたばかりで、流行の物質だった。

中性子とは、原子の中心にある原子核を構成する小さな粒子《りゅうし》だ。電気的にはプラスでもマイナスでもない中性であるため、中性子と呼ばれる。

ガモフは思考を鋭《するど》くした。

「中性子は、原子核の外では長く安定していられない。15分くらいの間に電子を放出して、陽子《ようし》に変わる。しかもその時、宇宙の初期段階は、高温度で高密度という環境だ」

「ですがルメートルは、宇宙の初期段階は、低温と考えていますよ」

「いや、それは間違いだろう。膨張《ぼうちょう》する宇宙を逆向きにさかのぼっていけば、宇宙のはじめには、たいへんな高温度と高密度になるはずだ。これが大事な点なんだ。解放された陽子《ようし》と電子は、高温度・高密度という環境のもとで融合《ゆうごう》されて、重い元素をつくる。それがのちに宇宙を形成するに至《いた》ったというわけだ」

「なるほど」

やがてガモフとアルファは、宇宙ができるプロセスを具体的に説明する理論を完成させた。それが、１９４８年に発表した「ビッグバン宇宙論」である。この理論は、初期宇宙が超高温・超高密度だったという、まったく新しい説だった。

ガモフはこの論文の共著者として、アルファの名に加え、「ベーテ」という人物を書き記した。

「ベーテ博士……？　どなたですか？」

アルファは眉《まゆ》をひそめた。

「友人のハンス・ベーテだよ。今回の研究には参加していないが、名前だけ借りたんだ。これで、α（アルファ）、β（ベータ→ベーテ）、γ（ガンマ→ガモフ）と並ぶ。面白いだろ？」

「そういうことですか……」

この３人の名前の頭文字をとって、ガモフらが発表した理論は「αβγ《アルファベータガンマ》理論」と呼《よ》ばれるようになった。

この「αβγ理論」では、原子宇宙の混沌《こんとん》とした物質を「イーレム」と呼ぶ。

イーレムは、莫大《ばくだい》な数の中性子が超高温・超高密度で圧縮《あっしゅく》された物質だ。このような中性子の塊《かたまり》として生まれた宇宙は、すぐに崩壊《ほうかい》を始める。中性子は、原子核の外では安定して存在できないからだ。中性子は陽子と電子に分裂《ぶんれつ》する。

次に何が起きるか？

陽子は別の中性子と核融合《かくゆうごう》を起こす。この核融合が起きるには、超高温・超高密度でなければならない。ここから「初期宇宙は超高温・高密度だった」という、それまでにない見方が生まれた。

ガモフたちは「αβγ理論」によって、宇宙のほとんど100％を占《し》める水素とヘリウムができるプロセスを明らかにしたのだ。

なお、その後の研究で、ヘリウムよりも重い元素は、恒星《こうせい》の中での融合反応や超新星の爆発《ばくはつ》の時につくられることがわかっている。


だが、ガモフが唱《とな》えた「ビッグバン宇宙論」は、あまりにも革新的《かくしんてき》すぎて、ほとんど支持を得られなかった。

「ビッグバンなどありえない。やつらの説は〝ビッグバン・アイデア（大《おお》ボラ）〟だ」

科学者たちの中には、そのような揶揄《やゆ》をぶつける者もいた。

当時の天文学者たちが信じたのは、天文学者のボンディとゴールド、ホイルが唱えた「定常宇宙論」である。

「ハッブルが発見したように、宇宙は膨張しているにもかかわらず、密度は一定である。物質が飛び散り密度が薄《うす》くなると、何もない空間から、物質が創造される。ビッグバン宇宙論のように、過去に特別の事件が起きたというようなことはありえない」

彼らはそう言った。

この「定常宇宙論」は多くの科学者たちに支持され、それにともなって、ガモフの「ビッグバン宇宙論」は忘れ去られていった。

ところが、「ビッグバン宇宙論」は、思いもよらない形で脚光《きゃっこう》を浴《あ》びることになる。

1965年、アメリカ・ニュージャージーのベル研究所——。

技術者のアルノ・ペンジアスとロバート・ウィルソンは、衛星通信用《えいせいつうしんよう》のアンテナを空に向けて、宇宙からやってくるさまざまな電波を受信していた。

「なんだこれは？」

「どうした？」

「この電波はなんだろう？　発生源がわからないんだ」

ペンジアスが不審《ふしん》に思ったその電波は、波長が2ミリ程度のマイクロ波と呼《よ》ばれる電波だった。マイクロ波は、電子レンジや衛星通信などに利用される電磁波《でんじは》である。

「どの方向にアンテナを向けても、マイクロ波が受信できる」

「ただのノイズじゃないか？　きっと、アンテナについた鳥の糞《ふん》がノイズを発生させているんだよ」

そう言ってウィルソンは笑った。

しかし、ペンジアスには、これがただのノイズには思えなかった。

ペンジアスの予感は的中した。電波に含《ふく》まれるノイズを取《と》り除《のぞ》いても、謎《なぞ》のマイクロ波は消えなかったのだ。

「ほら、やっぱり！　これはノイズじゃないよ」

「もしかしたら、宇宙全体からやってきたマイクロ波かもしれない……」

ウィルソンがそうつぶやいた。

「宇宙全体から？」

「そう。宇宙空間はマイクロ波で満たされていて、僕たちはそれを受信したんだ」

「なるほど」

「これは大発見かもしれないぞ」

こうして二人が発見したマイクロ波は、「宇宙マイクロ波背景放射《はいけいほうしゃ》（ＣＭＢ）」と呼ばれた。

じつはガモフたちは、この宇宙マイクロ波背景放射の存在を予言していた。

ガモフの「ビッグバン宇宙論」では、初期宇宙は超高温・超高密度の火の玉だったとしている。高温状態の物質からは電磁波《でんじは》が出る。初期宇宙では超高温・超高密度だったが、宇宙の膨張《ぼうちょう》とともに温度を下げ、電磁波の波長ものびる。初期宇宙に放射された電磁波の名残《なごり》が、今も宇宙をただよっているといると考えていたのだ。

ペンジアスとウィルソンの観測で、宇宙マイクロ波背景放射は、温度が２・７２５Ｋ（Ｋは絶対温度の単位）の黒体放射であることが確認された。黒体とは、やってきた電磁波を完全に吸収《きゅうしゅう》してしまう物体のことだ。二人は、宇宙は温度２・７２５Ｋの黒体が出す電磁波で満たされていると考えた。

ガモフは５Ｋ程度の黒体放射が宇宙を満たしているはずだと予言しており、ほぼガモフの予言どおりだったことが証明された。

――宇宙マイクロ波背景放射の観測は、ガモフのビッグバン宇宙論の強力な証拠《しょうこ》になる。

ペンジアスとウィルソンは、論文の中でそう訴《うった》えた。これが雑誌に投稿《とうこう》されると、大きな話題となった。

「ガモフが唱えたように、宇宙は大爆発《だいばくはつ》によって始まったんだ!」

大多数の天文学者や物理学者が、ついにガモフの「ビッグバン宇宙論」を支持するようになった。

ビッグバン宇宙論が支持されたことは、ルメートルをも喜ばせた。膨張宇宙論を唱え、「宇宙は小さく圧縮された高密度の小さな塊《かたまり》(原初原子)で、爆発で始まった」とする自身の考えが、間違いではなかったことが証明されたからである。

そのルメートルは白血病を患《わずら》い、その後、1966年に他界する。アインシュタインはすでに亡くなって10年が経過していた。

そしてガモフにも、その功績を称《たた》えられるだけの十分な時間が残されていなかった。1968年、彼も病《やまい》のためにこの世を去った。

ペンジアスとウィルソンは、1978年、ノーベル物理学賞を受賞した。

ノーベル賞は生きている者にしか授与されない。ガモフが生きていれば、もちろん、この二人と並んでノーベル物理学賞の栄誉《えいよ》を手にしたことは間違いないだろう。

ブラックホールを予言したインドの青年

チャンドラセカール

1930年の夏――。19歳の青年、スブラマニアン・チャンドラセカール（以下、チャンドラ）は、アラビア海を見渡す甲板《かんぱん》のベンチに座《すわ》っていた。

「ラリータは僕のことを待っていてくれるだろうか？」

彼は、故郷《こきょう》に残してきた恋人ラリータのことを思った。手にしていた物理学の本を読もうとするが、同じ箇所《かしょ》を何度もたどるだけで、まったく頭に入ってこなかった。

「こんなことじゃ、だめだ。これからイギリスで勉強するというのに」

チャンドラは、頭を軽く振って、脳裏《のうり》に焼きついて離れない恋人の微笑《ほほえ》みを振り払《はら》った。

チャンドラは、才能あふれる若き物理学者だった。インドではすでに5つの研究論文を発表し、プレシデンシ大学を優秀な成績で卒業していた。これから、イギリスのケンブリッジ大学で学ぶため、長い船旅に出たところだった。

ほかのインド人の乗客たちは、船上の旅を満喫《まんきつ》しようと楽しそうに甲板を行き交っていたが、チャンドラはひとり離れてベンチに座り、本や論文のページをめくった。

とてものどかな日だった。海は穏やかで小波ひとつなく、空はどこまでも青く澄《す》み渡《わた》っていた。

「そうだ。あの計算をしてみよう」

チャンドラは、恋人のことを忘れるために、自分に課題を与《あた》えた。

それは、高温・高密度で白色の光を放つ小さな恒星《こうせい》、白色矮星《はくしょくわいせい》が最終的にどのようになるのかを明らかにするという計算だった。

それまで見つかっていたいくつかの白色矮星は、太陽と同じほどの質量をもちながら、地球よりも大きなものはなかった。当時の天文学者たちは、「白色矮星は死を迎《むか》えた恒星が最終的に活動を終えた状態」と考えていた。

恒星の表面温度・質量・半径をもとにして、恒星の内部がどうなっているのかを求める計算式はあった。しかし、それを白色矮星にあてはめて計算しようという人は、誰もいなかった。

「なぜ誰もやらなかったんだろう?」

それはいたって素朴《そぼく》な疑問《ぎもん》だった。チャンドラは、ためしに白色矮星のシリウスBで計算してみた。答えはすぐに出た。

「なんだ、この途方《とほう》もない値は? 間違っているのか?」

計算によると、白色矮星のシリウスBの密度は、１立方センチメートルあたり、軽く数万グラムを超えた。水の密度(１気圧、４℃)が１立方センチメートルあたり１グラムであることを踏《ふ》まえると、その密度の大きさがうかがえる。

「ウソだろ?」

チャンドラは何度も計算をやり直したが、答えは同じだった。

「間違いない。白色矮星の中心は、とんでもない高密度になるんだ」

その時、チャンドラは、アインシュタインの特殊相対性理論《とくしゅそうたいせいりろん》を思い起こした。

アインシュタインの特殊相対性理論では、光速が大事な役割をになう。

光は、ほぼ秒速30万キロメートルで運動する。光速はいわば宇宙の制限速度《せいげんそくど》であり、どんなものでも光速を超えた速さで運動することはできない。さらに、粒子《りゅうし》の速度が速くなるほど、質量が大きくなることもわかっていた。

「白色矮星の中心が高密度で質量が大きいのなら、そこにある電子の速度はものすごく高速になっているかもしれない」

計算してみると、電子の速度は非常に速く、条件によっては光速に近い速さで運動することがわかった。

「これは面白いことになりそうだ」

チャンドラは、仮に電子の速度が光速にほぼ近い速度で運動すると仮定して、さらに計算を続けた。すると、とんでもない結果が出た。

「白色矮星の質量には限界があるのか！　太陽の質量と同じくらいが、白色矮星の限界質量のようだな」

チャンドラは、目をつむって考えた。

「では、限界質量よりも大きな質量で最期を迎《むか》えた恒星はどうなるんだろうか？　もはや、なんの活動もしない岩の塊《かたまり》として一生を終えることはできないはずだ。収縮《しゅうしゅく》に歯止めをかけるものはないから、どこまでも収縮を続け、自身の重力に押しつぶされる。密度は無限大なのに体積がゼロのきわめて小さな点、特異点《とくいてん》になってしまうかもしれない」

このときチャンドラは、「ブラックホール」が存在するという重要なアイデアを得ることになった。もちろんまだこの時は「ブラックホール」という言葉は生まれていなかったが。チャンドラがブラックホールのアイデアに行きつくまで、わずか10分程度のことだった。これが19歳の青年のある夏の日、アラビア海の洋上で起きた出来事だった。

チャンドラは、1910年10月19日、インドのラホール（現在のパキスタン）に生まれた。少年時代は神童《しんどう》ともてはやされ、多くの人から天才と認められていた。数学と物理でその才能をいかんなく発揮《はっき》したチャンドラは、イギリスのケンブリッジ大学に進むための奨学金《しょうがくきん》を獲得《かくとく》した。

同じ頃、同じ大学に通う1年下のラリータと恋におちた。イギリス行きは決まっていたので、一緒に過ごせる時間は限られていたが、二人の心は通い合っていた。

イギリスへの渡航《とこう》直前、チャンドラは彼女を家のパーティに招《まね》いた。二人きりになると、彼は少し顔を赤らめ、彼女を見つめてこう言った。

「僕が帰国した時には、いっしょになってほしい」

ラリータは小さくうなずいた。

19歳のチャンドラは、家族に見送られながら、ボンベイ（現在のムンバイ）からヨーロッパ行きの船ロイド・トリエスティーノ号に乗り、涙《なみだ》にくれながら旅立った。

船上で、「ブラックホール」という思わぬ発見を手にしたチャンドラは、1930年8月、イギリスのロンドンに到着《とうちゃく》した。

彼は、イギリスで物理や天文学の有名な学者たちの仲間入りをすることを夢みていた。しかし、その夢は一瞬《いっしゅん》にして断《た》ち切《き》られた。

ケンブリッジ大学に来てみると、チャンドラの到着を歓迎《かんげい》してくれる人は誰一人いなかった。インドでは張り合う相手もいない天才とされていたチャンドラも、ここではただの無名の学生にすぎなかった。イギリスではなんの実績もないから、それは当然のことではあったが、チャンドラが思い描いていた学生生活とはほど遠いものだった。

「思ったより厳しいスタートだな……。ここでは誰も僕のことなんて知らない。だけど僕は、近い将来、誰もが知る科学者になってみせるぞ」

思い通りにはいかなかったが、チャンドラの意欲は満ちていた。

チャンドラは、すぐに2つの論文を書き上げた。そのうちの1つが、イギリスへ向かう船上で発見したばかりの、「白色矮星《はくしょくわいせい》の限界質量」についてのものだった。

それまでの天文物理学者の考えでは、恒星《こうせい》は最終的に燃料をすっかり使い果たしてしまうと、どんどん縮んでいって、最後には白色矮星になると考えられていた。

太陽と同じほどの質量をもつ星であれば、地球並みの大きさにまで縮む。しかし、それよりも質量が大きい場合はどうなるか。誰も考えていなかった。

チャンドラは、太陽よりも質量の大きな恒星は、最終的にどこまでも収縮を続け、自身の重力に押しつぶされ、密度は無限大なのに体積がゼロのきわめて小さな点、特異点になってしまうかもしれないと考えた。

これはかつて、同じケンブリッジ大学の天文学者、アーサー・エディントンも扱《あつか》ったことのある問題だった。彼は1926年の著書『恒星の内部構造』の中で、次のように語った。

――白色矮星は、冷たい岩の塊《かたまり》になって終わる最期はありえない。白色矮星は無限大の密度をもつ点にまでつぶれ、宇宙のなかに開いたくぼみのようなものの中に消えてしまう。しかし、これは受け入れられない結論だ。この奇妙《きみょう》な問題は無視したほうがいい。

エディントンは、チャンドラと同じように、「限界質量を超えた白色矮星はつぶれてなくなってしまう」という予想をしながら、あまりに突飛《とっぴ》な結論のため、それ以上理論を深めることを放棄《ほうき》していたのである。

「きっとこれを読んだら、指導教官は驚《おどろ》くにちがいない」

チャンドラは、書き上げたばかりの論文を携《たずさ》えて、指導教官のラルフ・ファウラーのもとを訪れた。

ファウラーは論文に目を通すと、そっけなく言った。

「とてもおもしろいよ」

「……」

「でもキミ、注意したまえ。白色矮星の限界質量については、エドマンド・ストーナーも今年発表した論文で書いているよ」

「知っています。しかし、ストーナーの論文では、白色矮星が限界質量に達した時、内部が予想を超えた高温で高圧力になることしか書いていません。僕の論文では、さらにその先まで書いています。つまり、限界質量より大きな質量をもつ白色矮星は、崩壊《ほうかい》して、ついには完全になくなってしまうのです」

「それは、それほど重要なことではないだろう？」

ファウラーは興味なさそうに言った。彼には、インドからやってきたばかりの若者の考えを聞く気など、はじめからなかったのである。

チャンドラの論文は、その翌年にアメリカの「アストロフィジカル・ジャーナル」誌に掲載《けいさい》されたが、ほとんど注目もされなかった。

同じ問題を扱《あつか》っていたエディントンからも、なんの反応もなかった。

チャンドラは、すっかり自信を失ってしまった。

「僕はここにいるべき人間ではないのかもしれない。すごい連中がまわりに大勢いるし、重要な研究をやっている人もいる。僕の研究など、なんの価値もないかのように思えてくる」

この当時のイギリスでは、インド人に対する差別もあったため、人々のチャンドラに対する接し方は、どこかよそよそしかった。それもチャンドラの心を追《お》い詰《つ》める原因の一つとなった。

　ファウラー教授をなんとかつかまえて声をかけても、「ああ、キミか」とそっけない反応ばかりが返ってきた。

「論文のことでご相談したいのですが」

「キミの論文はよく書けてる。僕からアドバイスはないよ」

　ファウラーはそう言って、足早に立ち去っていった。ファウラーと会うために大変な思いをしても、何も得るものはなかった。

「一人で勉強したほうがよさそうだ」

　チャンドラは、ほとんどあきらめに近い気持ちで、一日中部屋にこもるようになった。

「自分が、ひっそりと静まり返った自由空間にいる一つの電子になった気分だよ」


　ところが、「白色矮星の限界質量」は、科学者たちのあいだで少しずつ話題にのぼるようになっていた。そのひとりが、物理学者のアーサー・ミルン教授だった。

　ある日、ミルンがチャンドラの部屋に突然《とつぜん》やってきて、一緒に研究を進めるようになった。

「白色矮星の限界質量について、キミの論文を読んだよ。恒星《こうせい》が縮むというのは、特殊《とくしゅ》な例だよね？」

「いえ、論文にも書きましたが、それは違いますよ」

　チャンドラは、ミルンがまったく自分の論文を理解していないと思ったが、自分を気にかけてくれたことがうれしかった。

チャンドラは、エディントンの「恒星の内部構造」に関する講義にも出席した。しかし、チャンドラが質問をすると、エディントンは完全に答えに窮《きゅう》してしまった。

「キミ、その件はあとで答えてあげよう。夕方、私の研究室に来なさい」

「はい……」

チャンドラがエディントンの研究室に行ってみると、彼はこう言った。

「私のために、少し計算を手伝ってくれないか？」

「えっ!?」

「白色矮星の計算が得意なんだろ？」

「でも、ミルン教授と進めている研究があって、手がいっぱいなんです」

「そうか。それは残念だ」

なにげない会話だったが、学生が高名な科学者の依頼《いらい》を断ることは、危険《きけん》なことだった。この時のチャンドラは気づかなかったが、彼の反応は、エディントンに少なからず悪い印象を与《あた》えることになった。

1933年、チャンドラは博士号を取得した。父は博士号を取得したらインドに帰るように手紙をよこした。

——世の中には頭で考えるよりも、実際に経験して理解しなければならないことのほうがはるかに多い。家族を愛し、いつくしむ経験も必要だ。

イギリスに発《た》ってからすぐに母は亡《な》くなっており、早く父のそばに帰りたい気持ちは強かった。しかし、まだ故郷《こきょう》に帰るわけにはいかなかった。

「まだ、この地に来てから、何も自分の考えを認めてもらうことができていません。このまま帰るわけにはいかないんです。父さん、もう少し時間をください」

イギリスにとどまる決意をしたチャンドラは、オックスフォード大学のトリニティ・カレッジのフェロー（教員）の地位に応募した。

彼はそれまで10以上の論文を発表し、天体物理学のほとんどすべてのことについて論じていた。本来であれば、フェローに選ばれてもおかしくない研究をしていた。だが、チャンドラは今までの出来事ですっかり自信を失っていた。

「これまでフェローの栄誉《えいよ》を得たインド人は、一人しかいない。自分が受かるはずがないよな」

チャンドラは、フェローの発表がある当日、荷造《にづく》りを終え、宿舎《しゅくしゃ》を出る準備をしていた。

重いリュックを背負《せお》ったチャンドラは、「誰が受かったんだろう」という好奇心《こうきしん》から、トリニティ・カレッジに立《た》ち寄《よ》った。

そこで彼が目にしたのは、合格者の名簿《めいぼ》に記された自分の名前だった。

「信じられない……」

チャンドラにとって、ロンドンに来て初めて感じた希望の光だった。

「これで僕の人生は変わるかもしれない」

フェローとなったことで、チャンドラに対する周囲の見方も大きく変わった。

すっかり自信を取《と》り戻《もど》したチャンドラは、5年にわたって温めていたアイデアを実現することにした。それは、「白色矮星《はくしょくわいせい》の限界質量」について、きちんとした計算結果によって証明《しょうめい》することだった。

チャンドラが、その研究に着手したことは、大学の教授たちに知れわたった。当然、エディントンもその動向を注目していた。

「あっ、エディントン教授！」

「キミのために、最速の機械式計算機を手配したよ」

このところ、エディントンはチャンドラの研究室を週に2、3回は訪れて、研究を励《はげ》ますようになった。

「その計算機があれば、もっとキミの仕事がはかどるだろ?」

「ほんとですか？　ありがとうございます」

「なにか新しいことがわかったら、教えてくれよ」

「はい……」

エディントンは、チャンドラの研究が気になっているようだった。

「なんでこんなに頻繁《ひんぱん》にやって来るんだろう」

チャンドラは不思議に思ったが、エディントンほどの名声のある科学者が自分を気にかけてくれることは、名誉《めいよ》なことでもあった。

「よし、できたぞ！」

チャンドラは、自分が築き上げた説に自信があった。

「恒星《こうせい》の一生はすべて白色矮星《はくしょくわいせい》で終わると考えられていたが、そうではない。質量の小さな恒星は、白色矮星となり、やがて輝きは完全に失われる。一方、質量の大きな恒星は、白色矮星になることなく、別の道をたどる。計算によると、白色矮星が限界質量に達すると、恒星は収縮《しゅうしゅく》して無になってしまうんだ」

それは、ブラックホールの存在を、きちんとした計算結果によって証明する論文だった。

論文をミルンに見せると、彼は祝福《しゅくふく》してくれた。

「大胆《だいたん》な理論的予測だけど、完璧《かんぺき》に計算された結果がグラフによって説明され、根拠《こんきょ》が示されている。これなら、みんなが納得するよ。おめでとう！」

チャンドラの論文は、王立天文学協会の会合で発表されることになった。

1935年1月11日――。

王立天文学協会の会合が開かれた。この日、弱冠《じゃっかん》24歳の若き天体物理学者チャンドラが30分の発表を行う予定だった。

チャンドラは、ある程度の批判《ひはん》にさらされることは覚悟《かくご》していたが、心配はしていなかった。

「どんな科学的な議論にも負けない自信がある」

小柄《こがら》なチャンドラは英国紳士《えいこくしんし》のように一分の隙《すき》もなくスーツを着こなし、いきいきとした顔つきで後方の席についた。

最前列には、長身のエディントンの姿《すがた》が見えた。

彼は、傲慢《ごうまん》ともいえる雰囲気《ふんいき》で座《すわ》り、周囲の科学者と余裕たっぷりに談笑《だんしょう》していた。この時エディントンは52歳で、ほとんどすべての賞という賞を手にし、イギリス科学界の頂点に君臨《くんりん》していた。

チャンドラに不安があるとすれば、自分の次にエディントンが話をすることになっていたことだ。

「何か批判をするつもりだろうか？」

エディントンは、チャンドラの論文をすでに読んでいるはずである。

前日の晩餐会《ばんさんかい》で顔をあわせた時には、何を話すのかを一切明かさなかった。

「キミにはたくさん話したいことがある。明日、それを話すためにたっぷり時間をいただいたよ」

「何の話をされるんですか？」

「それは、明日の楽しみに」

そう言ってエディントンは去っていったのだ。

「きっと大丈夫《だいじょうぶ》さ……」

チャンドラは、自分に言い聞かせた。

午後4時30分、ストラットン会長の開会宣言《かいかいせんげん》を合図に、会合は始まった。チャンドラの前に6人の発表がそれぞれ15分ずつ行われ、参加者からの批評《ひひょう》があった。窓《まど》がない会場には湿気がこもり、チャンドラは座っているだけでも汗ばんできた。

午後6時15分、ストラットン会長がチャンドラの名を呼《よ》んだ。

「では、次はチャンドラセカールくん。よろしく」

「はい」

チャンドラは、原稿を持って演壇《えんだん》に向かった。

それまで気づかなかったが、演壇に立ってみると、白壁に囲《かこ》まれた会議室は恐《おそ》ろしいほど広く、天井は果てしなく高く感じた。

チャンドラはここで、エディントンが『恒星の内部構造』で示唆《しさ》した、「限界質量を超えた白色矮星はつぶれてなくなってしまう」という予測が正しいことを立証する発表を行った。

「私は、白色矮星の質量には限界があることを、計算によってつきとめました。この限界は何を意味するのでしょうか？　この限界質量よりも小さな質量の恒星は、白色矮星をへて、輝きの完全な消滅《しょうめつ》へと向かいます。つまり、なんの活動もしない岩の塊《かたまり》となるのです。しかし、限界質量よりも大きな質量の恒星は、白色矮星になることはなく、恒星自身の重力が星を押しつぶし、最期には消えてしまうのです」

チャンドラはこう述べて、エディントンが提起《ていき》した問題に対する答えを示した。

会場は拍手《はくしゅ》に包《つつ》まれた。チャンドラはほっと笑みを見せ、読み上げた原稿をまとめ、後方の席に戻《もど》った。

拍手がやむのを待って、エディントンが立ち上がった。

彼はゆっくりと演壇にあがり、会場を余裕たっぷりに見下ろす。明らかに会場の雰囲気《ふんいき》が変わった。会場全体が、それまでにない緊張感《きんちょうかん》に包まれた。

彼がなにを話し出すのかと、人々の視線はエディントンの口もとに集まった。

「チャンドラの理論はまったく馬鹿《ばか》げています」

低く通る声だった。

「白色矮星の質量に、限界のようなものはないのです。白色矮星は消失して無に帰すことなどなく、冷たい岩の塊となって安らかな最期を迎《むか》えるのです」

全員が息をのんだ。チャンドラも、その言葉を信じられない思いで聞いた。エディントンは、完全にチャンドラを否定《ひてい》したのである。あからさまな侮辱《ぶじょく》だった。

チャンドラは、エディントンが提示した問題に対する答えを示した。エディントンの仮説が正しいことを、科学的な根拠《こんきょ》を示して支持したのだ。

にもかかわらず、エディントンは、チャンドラの研究を全面否定したのである。

——なぜだ？　なぜ、否定するんだ……。

チャンドラは、完全に混乱におちいった。

——エディントン先生は、大量の数値計算の苦労を軽減《けいげん》するため、高性能の機械式計算機まで手に入れてくれた。なのに、なぜ否定するんだ？　否定するつもりだったら、なぜそのことをもっと早くに明かしてくれなかったんだ？　結局、あの人は、白色矮星の運命について得られた結果を、どんなことがあっても受け入れるつもりはなかったのか？　恒星のような大きなものが無限に小さくなる場合もあるということを、断じて信じようとしていないだけなのか？

聴衆たちの顔を見回すと、うなずいたり、微笑《ほほえ》んだりして、ほとんどの人がエディントンの言葉を信用していることがわかった。インドからやってきた24歳の若者の言葉よりも、52歳の科学の重鎮《じゅうちん》の言葉を無批判《むひはん》に信じこもうとしていることは明らかだった。

——なぜ、誰も自分の考えを口にしないんだろう。『エディントン、あなたが間違っている』と、誰か言ってくれ……。

しかし、ついにエディントンに反論する者は現れなかった。

チャンドラは自ら反論するつもりで立ち上がったが、すかさずストラットン会長が、「座《すわ》りたまえ」と制止《せいし》した。

「この論考については、慎重《しんちょう》に検討《けんとう》する必要がある。時間も限られるため、今日はここまでとする。では、次の発表を……」

チャンドラは、敗者として扱《あつか》われた。

会合が終わると、「あいにくだったね」「気の毒に」とみんながそばに来て声をかけてくれたが、なんの慰《なぐさ》めにもならなかった。

この日、チャンドラは「ブラックホール」が存在する可能性を示したが、エディントンに否定されたことで、その可能性は完全に葬《ほうむ》り去《さ》られてしまった。

これによって、チャンドラの「ブラックホール説」は、それから40年近くにわたって科学界から無視されることになる。まさに、光さえも吸《す》い込《こ》むブラックホールのように、その存在ごと消し去られてしまったのだ。

不幸だったのは、チャンドラだけではない。これは科学界にとっても不幸な出来事だった。天体物理学の発展を、ほぼ半世紀近く遅《おく》らせることになったのだから。


チャンドラには、イギリスを離れるべき時が近づいていた。

エディントンを敵にまわしてしまった以上、イギリスでいくらがんばっても、その立場が改善《かいぜん》するとは思えなかった。チャンドラに味方をしてくれる科学者もいたが、その多くが国外の科学者で、彼のためにイギリスで意見を述べてくれる人はほとんどいなかった。

１９３７年、チャンドラはアメリカからの誘《さそ》いを受けて、ヤーキス天文台の研究員となった。

新天地のアメリカに向かう前、インドに戻《もど》ったチャンドラは、ラリータと結婚。それから二人は、アメリカでの新婚生活を始めた。ヤーキス天文台から歩いて数分のところに木造《もくぞう》二階建ての大きな家を買い求め、幸せな生活を送った。

チャンドラとエディントンのどちらが正しいのか？

この問題の決着には、かなりの時間を要した。もしもチャンドラの理論が正しいことを証明するのなら、宇宙に存在するブラックホールを見つけなければいけない。しかし、ブラックホールは光を発しない天体なので、見つけるのは非常に難しいことだった。

ブラックホールに関する研究は、戦後の１９６０年代に入ってにわかに活発になった。

その研究の過程で、１９６０年、謎《なぞ》の天体が見つかった。

とても明るいが、その光を分析《ぶんせき》すると、どの元素の輝線《きせん》（その元素特有の波長の光）とも一致《いっち》しないのだ。この謎は、１９６３年にオランダの天文学者シュミットが解くことになる。

「この輝線は、水素の輝線が引《ひ》き伸《の》ばされたものだ！」

宇宙の膨張《ぼうちょう》によって、後退する銀河から届く光は、波長が引き伸ばされて観測される。波長が大きく引き伸ばされているほど、その銀河の後退速度は大きく、より遠くにあることを意味する。

このことから、その天体は、約24億光年のかなたにあるとわかった。

このように、何十億光年もかなたにあって、激しい明るさをもつ天体は「クエーサー（準恒星状《じゅんこうせいじょう》天体）」と名づけられた。

クエーサーの大きさは、最大でも数光時（光で数時間かかる距離）であり、他の天体に比べて大きくはないが、銀河系全体のおよそ１０００倍も明るい。つまり、たった数光時の大きさしかない天体が、10万光年にもなる銀河系全体の１０００倍のエネルギーを放出しているのである。

「こんな小さな天体からすさまじいエネルギーを出せるメカニズムがあるだろうか?」

科学者たちは考えた。

そして、これを説明することのできるたった一つの可能性にたどり着いた。それがブラックホールだった。

ブラックホールは、あまりにも重力が強いので、光さえも逃《に》げ出《だ》せない。周囲のガスが引きずりこまれる摩擦《まさつ》で高温になり、大量のエネルギーが発生し、明るく輝くと考えられた。

「ブラックホールの周囲のガスからはX線が放出されるはずだ。このX線を観測できれば、ブラックホールが発見できるかもしれない」

アメリカの宇宙物理学者ジャコーニはそう考えた。しかし、地球の大気はX線を吸収《きゅうしゅう》するので、宇宙空間からでないとX線を観測できない。

「それなら、ロケットから観測すればいい」

1962年、ジャコーニはロケットを使った観測で、初めて太陽系外のX線天体を発見した。

さらに1970年には、アメリカ航空宇宙局(NASA)が、初のX線天文衛星「ウフル」を打ち上げ、300個以上のX線源を見つけた。

日本の天文学者・小田稔《おだみのる》が、そのX線源のうち、はくちょう座にある「はくちょう座X-1」を調べた。このX線源の天体は、直径が300キロメートル以下しかないにもかかわらず、太陽の10倍以上の質量をもっていた。白色矮星《はくしょくわいせい》の質量は最大でも太陽の1・4倍とされていたので、白色矮星ではありえない大きな値だった。

「このような天体はブラックホール以外に考えられない」

小田は、１９７１年の論文で、「はくちょう座X－１はブラックホールである」という論文を発表した。

こうして、ブラックホールの存在が確認されたのである。

ついに、チャンドラの発見の正しさが立証され、エディントンが間違っていたことが明らかになったのである。

１９８３年10月、チャンドラは「白色矮星の構造の研究」の功績を認められ、ノーベル物理学賞を受賞した。ついにチャンドラは、科学者に与えられる最高の栄誉《えいよ》を受けることになったのである。

「チャンドラが、50年越しにエディントンとの論争に勝った！」

人々はそう評したが、チャンドラに喜びはなかった。もし自分の研究が１９３０年代に認められていれば、もっと自由に研究を進められたかもしれないからだ。

だがチャンドラは、つねに新たな研究領域《けんきゅうりょういき》を開拓《かいたく》していた。

チャンドラの研究意欲は、亡くなるその時まで衰《おとろ》えることはなかったのである。

科学の
先駆者たち

車《くるま》椅子《いす》の天才科学者

ホーキング

「あれっ、結べない……」

それは最初の異変だった。

1962年、スティーブン・ホーキングは、自分の指先が明らかにいつもと違うのを感じた。靴紐《くつひも》を結ぼうとしたが、指が思い通りに動かなかったのだ。そんなことは、もちろん初めてだった。

ホーキングは、イギリスのオックスフォード大学で物理学を学ぶ学生だ。その年、ケンブリッジ大学の大学院に進学することが決まっていた。

両親からの愛情をたっぷり受けて育ったホーキングは、イギリスのエリートコースを順調に進みながら、充実《じゅうじつ》した青春時代を送っていた。

ところが、この日を境《さかい》に、体の問題に悩《なや》まされることになった。

階段から転げ落ちたり、言葉がはっきりしゃべれないこともあった。なぜか体をうまくコントロールできない。

階段から落ちた時に病院に行ったが、医者の態度《たいど》は素《そ》っ気《け》なかった。

「ビールをひかえることだね」

「酔《よ》っ払《ぱら》ってたわけじゃないんです」

「酔っ払いはみんなそう言うのさ。さぁ、手当ては終わりだ」

原因がわからないまま、不安な日々を送るようになった。

ある日、ホーキングは母親とスケート場へ行った。

しばらくはいつも通り滑《すべ》れていたが、ゆるいカーブを曲がろうとしたとき、思い切り転倒《てんとう》してしまった。

「大丈夫《だいじょうぶ》?」

母親が近づいてきたが、心配そうな顔はしていない。ただの転倒だと思っていたからだ。

「母さん、なんだか体がおかしいんだ」

「えっ!?」

「体にまったく力が入らない……」

ホーキングは、自分の力では起き上がれなくなっていた。

「どういうこと?」

母親には状況が理解できなかったが、ホーキングはこの時、自分の体に何かとてつもなく悪いことが起きていることに気づいた。

「母さん、助けて……」

母親はすぐに息子《むすこ》を大きな病院に連れていった。

病院では体のあちこちを検査した。検査だけでも何週間もかかった。腕《うで》の筋肉から組織をとって調べ、体中に電極《でんきょく》をつけて、脊髄《せきずい》に造影剤《ぞうえいざい》を注入し、ベッドを傾《かたむ》けて影《かげ》が動く様子をレントゲン写真に撮《と》った。

そして、ホーキングと両親に検査結果が伝えられた。

「スティーブン、あなたは、ALS《エーエルエス》（筋萎縮性側索硬化症《きんいしゅくせいそくさくこうかしょう》）にかかっています」

「ALS!? それはどんな病気ですか？」

母親はあわてて聞いた。

「動いたり、話したり、息をしたりするときに使う筋肉が衰《おとろ》えていく病気です」

「そんな……。治るんですよね？」

「いえ、残念ながら、現代の医学では、治療する手段がありません。長く生きたとしても、せいぜいあと2年かと……」

「2年!?」

両親は言葉を失った。

ホーキングは小刻《こきざ》みに震《ふる》えながら、医師の説明を黙《だま》って聞いていた。現実を受け入れようとしたが、とても無理だった。

「どうして僕がこんな目にあわないといけないのか……」

ホーキングはこの時21歳で、人生はまだ始まったばかりだと思っていた。それなのに、余命《よめい》2年と告《つ》げられて、絶望しないはずがなかった。すべての可能性が閉ざされたように感じた。

でもその時、検査入院中に向かいのベッドにいた少年を思い出した。彼はホーキングの入院中に、白血病《はっけつびょう》で死んだ。いたましい最期だった。

「世の中には自分よりもはるかに不運な人たちがいる。だったら、くよくよするな」

ホーキングは、残り少ない人生を前を向いて生きようと、自分に言い聞かせた。

――あなたの指導教官《しどうきょうかん》が、デニス・シャーマ教授に決まりましたことをお知らせいたします。

ある日、ケンブリッジ大学からそんな通知が届《とど》いた。

「どうして⁉　僕の希望と違うじゃないか！」

ホーキングは、高名な宇宙論研究者のフレッド・ホイル教授に教わるために、ケンブリッジ大学への進学を決めた。ところが、そのホイル教授の指導を受けられないことになったのだ。

「シャーマ教授だって？　そんな聞いたこともない人に教わらないといけないのか⁉」

ホーキングはがっかりした。

しかし、のちにこれはホーキングにとって幸運だったことがわかる。

シャーマは、相対論的宇宙論の分野に詳《くわ》しく、ホーキングは、彼のもとで現代宇宙物理学の分野でめざましい研究成果をあげることになるからだ。

また、ホイルは外国への出張が多く、学生の指導《しどう》には熱心ではなかった。一方のシャーマは、いつも大学にいて、十分な指導を受けることができた。

この頃、ホーキングの人生を変えるもう一つの重要な出会いが待っていた。

ケンブリッジ大学に入った年のクリスマス・イブのパーティー。そこで、ジェーン・ワイルドという女性と出会ったのだ。ホーキングは、すぐに彼女のことが好きになった。

「あなたは、何を研究してるんですか？」

「詩よ。あなたは？」

「宇宙と時間の結婚について……」

「まぁ、相性よさそうね」

気のあった二人は、結婚を前提《ぜんてい》につきあうようになった。

ジェーンとの出会いは、ホーキングに生きる気力を与《あた》えてくれた。驚《おどろ》いたことに、死を宣告《せんこく》されているにもかかわらず、ホーキングは人生が楽しいと感じるようになっていた。

「ジェーンと結婚するためには、きちんと学位をとって、専門の仕事につかないと」

ホーキングは、ますます積極的に勉強に精《せい》を出すようになった。

ジェーンもホーキングの人柄《ひとがら》にひかれた。彼女は、ホーキングの病気のことを知った時でさえ、ありのままを受け入れてくれた。彼女は、医療的《いりょうてき》な手助けをしたり、ホーキングの原稿《げんこう》を代わりにタイプしたりしてくれた。

その間にもホーキングの体の筋肉は衰《おとろ》えていった。もはや松葉杖《まつばづえ》なしでは歩けなくなり、言葉もはっきり言えなくなった。食べたり、シャワーを浴《あ》びることも難しくなった。息が苦しくなることもあった。指は曲がってしまい、思うように動かせなくなった。

それでもジェーンは、そんなホーキングを献身的《けんしんてき》に支えた。

1960年代の宇宙物理学の分野では、宇宙の基本的な構造《こうぞう》をめぐる議論《ぎろん》が続いていた。

宇宙には始まりも終わりもないという「定常宇宙論」と、宇宙はビッグバンという大爆発《だいばくはつ》によって始まったとする「ビッグバン宇宙論」のどちらが正しいのか、いまだその決着がついていなかったのだ。

ガモフがとなえたビッグバン宇宙論に対し、定常宇宙論で対抗《たいこう》した宇宙論研究者の一人が、ホーキングが最初に教わろうと考えていたホイルだった。

ホイルの定常宇宙論は広く支持を集めていた。

「一瞬《いっしゅん》にして起きる宇宙の創造《そうぞう》など、『ビッグバン』とでも呼《よ》ぶのがふさわしい、まったくバカげたものだ」

ホイルはそう言って、定常宇宙論に反対する者を批判《ひはん》した。

このときホイルが批判的に使った「ビッグバン」という言葉が、皮肉にも定常宇宙論に対抗する宇宙モデルの名前として定着してしまった。じつは、「ビッグバン」の名づけ親はホイルだったのだ。

ある時、ホイルは王立協会で最新の研究報告を行った。発表が終わると、ホイルは会場を見回して言った。

「……以上です。なにか質問はありますか？」

すると、杖《つえ》につかまりながら立ち上がる若い男がいた。ホーキングだった。大学院生のホーキングは、ホイルの定常宇宙論に興味があり、発表を聞きに来ていたのだ。

会場は静けさに包《つつ》まれた。

「あなたの結論は間違っています」

「何だと!? なぜ、わかるんだ?」

「それは私が実際に計算したからです。あなたの使っている方程式には、間違いがあります」

一人の学生に自説を完全に否定《ひてい》されたホイルは、激怒《げきど》して顔を真っ赤にした。ホーキングの反論には迫力《はくりょく》があり、理論にも隙《すき》がなかった。ホイルは完全にやりこめられてしまった。

この出来事は、世界的な宇宙論研究者に挑《いど》んだ大学院生ホーキングの存在を、世に知らしめるきっかけになった。

やがて、ホイルらが唱《とな》えた「定常宇宙論」は間違っていたことが明らかになる。アメリカのペンジアスとウィルソンが、初期宇宙の名残《なごり》である「宇宙マイクロ波背景放射《はいけいほうしゃ》」を観測したことで、ガモフが唱えた「ビッグバン宇宙論」が正しかったことが証明《しょうめい》されたのである。

この「宇宙マイクロ波背景放射《はいけいほうしゃ》」の発見に触発《しょくはつ》されて、シャーマの研究室では、ビッグバン宇宙論の研究が盛《さか》んに行われるようになった。このときホーキングとともに研究に取り組んだ学生たちが、のちに宇宙論で世界的に活躍《かつやく》することになる。

シャーマの研究室には、ロンドン大学バークベック校のロジャー・ペンローズという若き応用数学者も出入りしていた。ペンローズは、ブラックホールを研究する才能あふれる若き数学者だった。

このペンローズのアイデアをヒントに、ホーキングは最初の重要な研究を行うことになる。

「ビッグバン宇宙論」の正しさが証明されるのと同時に、科学者たちを悩《なや》ませる新たな問題があらわれた。

ビッグバン宇宙論にしたがって宇宙の歴史を過去にさかのぼると、宇宙の温度や密度はどんどん高くなって、宇宙が生まれた瞬間《しゅんかん》は、ある一点に凝縮《ぎょうしゅく》され、そこでは温度も密度も無限大になる。このような一点を「特異点《とくいてん》」という。困《こま》ったことに、特異点では相対性理論を含《ふく》めたあらゆる物理法則が成り立たなくなる。なぜなら、無限大という数は、実際に存在しないからだ。

したがって、このままでは「宇宙は物理法則が破綻《はたん》する特異点から生まれたが、そのあとは相対性理論という物理法則にのっとって膨張《ぼうちょう》してきた」という中途半端《ちゅうとはんぱ》な説明になってしまう。

そこで考え出されたのが、「振動《しんどう》宇宙モデル」だった。つまり、宇宙は膨張《ぼうちょう》と収縮《しゅうしゅく》を繰《く》り返《かえ》しているという考えである。

宇宙の大きさは過去にさかのぼるほど小さくなる。宇宙が小さくなると、温度や密度が高まってくる。だがある程度までさかのぼると、今度は逆に宇宙は大きくなり、温度や密度は下がり始める。さらに過去に戻ると、宇宙は再び小さくなる。このように、宇宙は膨張と収縮を繰り返しているというのだ。

そう考えれば、温度や密度が無限大になる特異点《とくいてん》は生まれず、物理法則にしたがって考えることができる。しかし、この「振動《しんどう》宇宙モデル」が正しいのかどうかは、まだわからなかった。

そんな時ペンローズが、特異点についてあるアイデアをひらめいた。それは、シャーマといっしょに、ケンブリッジ大学の喫茶店《きっさてん》で話をしている時のことだった。

「先生、やっぱり恒星《こうせい》の最期は、特異点になると思います」

「どうしてだ？」

「一般《いっぱん》相対性理論の枠組《わくぐ》みのなかでは、恒星が無限大の密度になることは避《さ》けられません。だから、恒星が収縮すると、ふたたび膨張することはできないはずです」

「なるほど」

「ということは、恒星の中心に特異点ができることになります。特異点ができると、もはやそこでは時間が終わりを迎《むか》え、物理法則を適用《てきよう》できなくなります」

「そうか……。恒星が収縮してブラックホールができると、そこには特異点が必ずできるということだね」

「そう思います」

このペンローズの「特異点定理」という考えは、やがてロンドンのセミナーで発表された。もちろんシャーマの学生たちはみなそれを聞きに来た。ホーキングはこのセミナーに出席できなかったが、すぐにその内容を知ることになった。

このペンローズの特異点定理を聞いたホーキングに、あるアイデアが浮《う》かんだ。彼は早速、ペンローズのもとへ相談に出かけた。

「あなたの特異点定理は、じつに興味深いものでした」

「ありがとう」

「ところで、収縮する恒星《こうせい》を、宇宙に見立てて考えることはできませんか？」

「どういうことだ？」

「つまり、宇宙は過去に戻《もど》れば収縮し、特異点になるということです。あなたの恒星に対する定理を宇宙全体に適用したら、どんな結果が出るのか？」

「なるほど。それはおもしろい。やってみる価値はあるよ」

「そこで、特異点定理の計算法を教えてほしいんです」

「そういうことか！」

ペンローズは快活《かいかつ》に笑った。

「もちろんいいよ。なんでも協力するよ」

このときホーキングは大学院の最終学年を迎《むか》えるところだったが、ついにこうして取り組むべきテーマが見つかったのだった。

ホーキングはペンローズから特異点定理を学ぶため、猛烈《もうれつ》に数学の勉強をした。そして、宇宙のはじまりに関する「特異点定理」をまとめたのである。

この博士論文《はくしろんぶん》には、「膨張《ぼうちょう》宇宙《うちゅう》の性質」というタイトルがつけられた。

この論文でホーキングは、「一般《いっぱん》相対性理論が正しいとすれば、宇宙が膨張《ぼうちょう》と収縮を繰《く》り返《かえ》すことはありえない」ということを数学的に証明《しょうめい》してみせた。「振動《しんどう》宇宙モデル」を理論的に否定《ひてい》したのである。

「宇宙の歴史は、必ず特異点から始まらないといけない。すなわち、宇宙には時間のはじまりが存在する」

ホーキングはこう結論づけた。

１９６５年、ホーキングはこの論文によって博士号を取得した。ホーキングの研究は学界で認められ、特異点からはじまるビッグバン宇宙論が広く支持されるようになった。

大学院を卒業したこの年、ホーキングとジェーンはケンブリッジのトリニティ教会で結婚式をあげた。彼は杖《つえ》にすがり足を引きずるようになっていたが、知性あふれる妻の支えのもと、若き宇宙論研究者として飛び立とうとしていた。

「ＡＬＳでさえも、私をとめることはできない」

ホーキングはそう思っていた。最初に告《つ》げられた余命の2年はすでに過ぎていた。

やがて、ジェーンとの間には、最初の子ども、ロバートが生まれた。

「こんなにうれしいことがあるだろうか……」

それはホーキングにとって、生涯《しょうがい》でもっとも幸せな瞬間《しゅんかん》だった。のちに、さらに二人の子どもに恵まれ、ホーキング家はますますにぎやかになった。

チャンドラセカールが予言したブラックホールの存在は、１９７０年ころまでにはほぼ確実なものとなっていた。

したがって、このころの宇宙論学者たちのあいだでは、ブラックホール研究がひとつのブームとなっていた。ホーキングも、一般相対性理論とブラックホールについての研究に多くの時間を費やすようになった。

人は、物事を考えたり、考えを整理したりするとき、頭だけでなく、手を動かす。研究者ならば、ノートに図を描いたり、何ページにもまたがる計算を行うだろう。ノートには非常に複雑《ふくざつ》な計算式や途中経過《とちゅうけいか》を残しておくことができるし、計算につまずいたら、一段階前に戻《もど》って、そこからやり直せばいい。

けれどもホーキングの手は麻痺《まひ》してしまい、図を描くことも、計算式を書くこともできなくなった。したがって、完全に自分の頭の中だけで研究を行わなければならなかった。そこで彼は、紙とペンによって描く図と数式の代わりに、頭の中で使える図や数式を編《あ》み出《だ》していった。

そんな彼の研究スタイルのなかで、あるひらめきが生まれた。

1970年11月のある晩《ばん》のこと、ホーキングはベッドに入る準備をしていた。体の自由がきかないので、ベッドに入るだけでも相当な時間がかかる。だからその時間を使って、ブラックホールについて考えた。

すべての物理的イメージは頭の中にあった。その時、彼の頭にアイデアが浮《う》かんだ。

――そうだ。ブラックホールの表面積は減少しない。

これは、大事な発見だった。

どんなものもブラックホールから逃《に》げ出《だ》すことはできない。どんなものでもブラックホールに入っていく。それは、質量を持たない光であっても同じことだ。したがって、そもそもブラックホールの質量が小さくなるということは起こりえない。

この当たり前のことから、ホーキングはこう考えたのである。

「2つのブラックホールが合体した時でさえ、全表面積は合体前の2つの表面積を合計したものと同じか、大きくならなければならない。決して減少することはない」

彼は、この考えをさらに発展させていった。

ブラックホールの境界線の部分は「事象の地平線」という。ブラックホールの外からは、事象の地平線の向こう（ブラックホールのなか）は見ることができない。ブラックホールは質量がきわめて大きく、吸《す》い込《こ》まれたら光すら出てこられないため、その境界線から先は、地球上で地平線の向こうが見えないように、続きが見えないと考えられていた。

しかしホーキングは、この「事象の地平線」の小さな点にしぼって、量子力学を使った計算をしてみた。すると、ブラックホールの境界線からは、少しだけ光がもれ出ているということがわかった。

「ブラックホールは、底なしの穴ではなく、物理的な物体なんだ。しかも、ブラックホールは真っ黒ではない。温度をもっていて、わずかではあるけど、周囲にエネルギーを放出することで光を発している。気の遠くなるような時間はかかるけど、いずれエネルギーを失って小さくなっていくはずだ。

いつかはブラックホールは消滅《しょうめつ》する」

こうしてホーキングは、「ブラックホールは得体の知れない底なしの穴ではなく、実際に見たり測定したりできる存在だ」ということを示した。

しかし、ホーキングは、この新しい結論を論文にして発表するのをためらった。

「あまりにも意外な結論で、すぐに人々に信じてもらえるとは思えない」

ところが、この発見の話を聞いたシャーマが、ホーキングに電話をかけてきた。

「スティーヴン！　聞いたぞ！　ブラックホールは熱い物体のように放射《ほうしゃ》を出すんだってな」

「ええ、先生。それは確かです」

「数週間後に、オックスフォードでブラックホールに関する研究会があるんだ。そこで、その論文を発表してくれないか？」

「えっ!? でも、みんながこれを受け入れてくれるとは思えません。不要な論争には巻《ま》き込《こ》まれたくないんです」

「なにを言ってる！　きっと称賛《しょうさん》されるよ」

「そうでしょうか……」

結局、ホーキングはシャーマの熱意におされ、論文を発表することにした。しかし、どんなに念入りに発表の準備をしても、いやな予感が消えることはなかった。

1974年2月、オックスフォード大学ラザフォード・アップルトン研究所で、ブラックホールに関する研究会が開かれた。

座長を務めたのは、著名な数学者のジョン・テイラーだった。

テイラーは、ホーキングを紹介《しょうかい》した。

「……次は、若き宇宙論研究者のスティーヴン・ホーキング氏です。『ブラックホールは爆発《ばくはつ》するか？』というテーマでお話しいただきます」

ホーキングは冴《さ》えない顔つきで、車椅子《くるまいす》を進めて壇上《だんじょう》に上がった。そして、顔を上げることもなく、うつむいたまま小さな声で原稿《げんこう》を読み始めた。

「……ですから、ブラックホールは黒くはないのです。ブラックホールは湿度をもち、熱放射《ねつほうしゃ》をして、最終的には爆発してしまうのです」

発表が終わると、会場は拍手《はくしゅ》に包まれた。

ホーキングは安堵《あんど》して、壇上から下りようとした。するとその時、誰かが突然《とつぜん》立ち上がった。

「スティーヴン、申し訳ないが、キミの話は完全なクズだ！」

「えっ⁉」

一瞬、何が起きたのか理解できなかった。

声をあげたのは、テイラーだった。テイラーはそう吐《は》き捨《す》てたかと思うと、部屋から飛び出していった。会場は水を打ったように静かになった。

ホーキングには、やり場のない怒りがこみあげてきた。

「僕は発表をしたくて発表したんじゃない。なのに、このような仕打ちを受けるなんて……」

とはいえ、勇気をもって発表したことは間違いではなかった。ホーキングの発表は概《おおむ》ね好意的に受け入れられたからだ。

自分の説に自信をもったホーキングは、１ヵ月後、「ブラックホールは爆発するか？」と題した論文を「ネイチャー」誌に発表した。懐疑的《かいぎてき》な反応もあったが、しだいにその研究成果の重要性が認められるようになった。

論文が発表されてから数週間後、ホーキングはイギリスの科学者として最大の栄誉《えいよ》を受けることになった。史上最年少、弱冠《じゃっかん》32歳にして、王立協会の会員に選ばれたのだ。

ちなみに、ホーキングが発見したブラックホールからもれ出る光は、のちに「ホーキング放射」と呼《よ》ばれるようになる。

その後のホーキングは、アメリカのカリフォルニア工科大学で研究を行い、１９７７年にはケンブリッジ大学の重力理論講座の教授に就任《しゅうにん》した。そして１９７９年には、かつてニュートンも務めたという、数学分野での最高の地位とされるルーカス教授職に就任した。

ホーキングの研究上の興味は、ブラックホールから宇宙のはじまりへと移った。

特異点定理《とくいてんていり》が証明《しょうめい》されたことで、宇宙の歴史は特異点から始まることがわかった。しかしそうなると、特異点はどのように生まれたのか、特異点の前には何があったのかを科学的に解き明かさなければいけない。これは、特異点定理そのものの証明よりも、さらに難しい問題だった。

数年後、ウクライナ生まれの物理学者ビレンケンは、「宇宙は物質も時間も空間もない『無』の状態から生まれた」とする仮説を発表した。

宇宙が「何か」から生まれたとしたら、その「何か」が「何か」から生まれたことを説明しなければならず、きりがない。そこでビレンケンは、宇宙は「無」から生まれた。つまり「無」から「有」が生まれたと考えた。

ビレンケンの説明はこうだ。

最初の宇宙はエネルギーゼロ、大きさゼロの「無」の状態で、生まれたり消えたりしていた。そのままでは、宇宙の実際の存在としてこの世に姿《すがた》をあらわすことはない。しかし突然《とつぜん》「トンネル現象」によって、宇宙は極小の大きさをもった存在としてあらわれた。

トンネル現象とは、ガモフが明らかにした量子論の考え方で、小さな粒子《りゅうし》が越《こ》えられないはずの壁《かべ》を通り抜ける現象だ。科学的にきちんと説明できるものである。

こうしてビレンケンは、「無からの宇宙創造論《そうぞうろん》」を打ち立てた。

一方のホーキングは、少し違う考え方をした。

「特異点があるから問題になるんだ。それなら、特異点を取《と》り除《のぞ》いてしまえばいい」

そう考えたホーキングは、宇宙のはじまりに「虚数《きょすう》の時間」という概念《がいねん》を取り入れた。

実際の時間で宇宙の特異点を計算すると、宇宙のはじまりは大きさのない点なので、そこでは温度や密度などの物理量が無限大になり、物理法則が破綻《はたん》してしまう。そこで、「虚数の時間」という、量子論のなかで使われる特殊《とくしゅ》な時間を使う。

虚数とは、二乗する（同じ数を2回かける）とマイナスになる数のことだ。ふつうの数（実数）は二乗すると必ずプラスになる。これに対して虚数は、二乗するとマイナスになる、想像上の数だ。

ホーキングは、そうした想像上の値である虚数であらわされる「虚数の時間」という概念を利用して、特異点を取り除こうと考えたのだ。

それまでの理論では、宇宙は特異点から生まれ、その特異点を頂点として円錐状《えんすいじょう》に膨張《ぼうちょう》すると考えられていた。しかしホーキングは、宇宙の誕生の瞬間《しゅんかん》は「ある一点」ではなく、小さな半球面の全体であらわされると考えた。半球面では、どこが始まりというわけではない。反対に言うと、どこを始まりとしても構《かま》わないことになる。

こうしてホーキングは、「虚数の時間」を導入《どうにゅう》することで、宇宙のはじまりの特異点を消し去ることに成功したのだ。このホーキングの仮説は、「無境界仮説」と呼《よ》ばれる。

しかし、ほんとうに「虚数の時間」という奇妙《きみょう》な時間はあるのだろうか？

ホーキング自身も、最初は、宇宙のはじまりが特異点になってしまうことを回避《かいひ》する数学的なテクニックとして考えた仮説だった。

しかし、のちにホーキングはこう主張するようになった。

「虚数の時間というものは、かつて実際に存在したんだ」

ホーキングはかつて、「宇宙は特異点から生まれた」と言っていた。しかし、それが「特異点のない無境界仮説」に変わった。このことは、カトリック教会との関係に、わずかなゆがみを生じさせていた。

1981年、ローマ教皇庁《きょうこうちょう》科学アカデミーが主催《しゅさい》した国際会議に、車椅子《くるまいす》にのったホーキングがあらわれた。

カトリック教会といえば、かつては地動説を唱えたガリレイを有罪《ゆうざい》とするなど、聖書《せいしょ》の記述と矛盾《むじゅん》する部分も多い科学分野とは、対立する関係にあった。しかしそれは昔のことで、現代では科学の成果を受け入れ、信仰《しんこう》との融和《ゆうわ》をはかろうとしている。

当時の教皇《きょうこう》ヨハネ・パウロ2世は、ガリレオ裁判《さいばん》の結果を見直すことを決め、1981年にそのための委員会を設置した。そして1992年、教皇は、教会の過《あやま》ちを認めて、ガリレイに謝罪《しゃざい》した。

ホーキングは、ガリレイ復権に尽力《じんりょく》したヨハネ・パウロ2世に、この会議で謁見《えっけん》したのである。

ヨハネ・パウロ2世は、ほかの参加者に対しては、高い椅子《いす》に座《すわ》ったまま接していた。しかし、ホーキングが車椅子で近づいてくると、椅子からおりて膝《ひざ》をつき、ホーキングに顔の高さをあわせて会話した。

「ビッグバン以後の宇宙の進化について研究するのは、大いに結構《けっこう》。しかし、ビッグバンそれ自体については探究してはなりません。なぜならそれは創造《そうぞう》の瞬間であり、つまりは神の御業《みわざ》なのだから」

これを聞いてホーキングは肝《きも》を冷やした。というのは、この会議でホーキングが講演《こうえん》した内容が、まさしく無境界仮説の構想《こうそう》だったからだ。

かつては、ホーキングは「宇宙にははじよりがある」とする特異点定理を唱え、カトリック協会から歓迎《かんげい》されていた。

宇宙にはじまりがあるとするなら、少なくとも最初だけは宇宙がはじまるきっかけが必要であり、そこに神の出番があるといえる。

ところが無境界仮説では、宇宙のはじまりの一点は存在しない。はじまりをもたらす神の出番はなくなってしまう。それで教皇が釘《くぎ》を刺《さ》したのだ。

しかし、教皇になんと言われようが、もちろんホーキングがその研究をやめることはなかった。


ビレンケンの「無からの宇宙創造論《そうぞうろん》」やホーキングの「無境界仮説」をへて、宇宙のはじまりと発展は「インフレーション理論」によって説明されるようになった。インフレーション理論は、東京大学名誉《めいよ》教授の佐藤勝彦《さとうかつひこ》と、アメリカの物理学者アラン・グースが、ほぼ同時に発表した理論である。

それは次のような理論だ。

まず、最初の小さな宇宙は、大きさゼロ・エネルギーゼロの「無」の状態で、生まれたり消えたりを繰《く》り返《かえ》していた。それがある時、トンネル現象によって、素粒子《そりゅうし》よりも小さな超《ちょう》ミクロの大きさをもつ存在としてこの世に生まれた。これが宇宙の誕生《たんじょう》の瞬間《しゅんかん》だ。

生まれてすぐに、宇宙は真空がもつエネルギーによって、一瞬のうちに何十桁《けた》も大きくなる急膨《きゅうぼう》張《ちょう》（インフレーション膨張）をする。

インフレーション膨張を終えた超高温の小さな宇宙は、その後はゆるやかな膨張に転じながら冷えていき、現在の広大な宇宙になったのである。

１９９０年代に入ると、こうした理論が宇宙観測によって証明《しょうめい》されるようになった。

１９８９年、ＮＡＳＡ《ナサ》が打ち上げた人工衛星《じんこうえいせい》ＣＯＢＥ《コービー》は、観測した宇宙マイクロ波背景放射《はいけいほうしゃ》に10万分の１の温度のゆらぎ（温度のムラ）を発見した。これは初期宇宙の物質密度に10万分の１の凹凸《おうとつ》があったことを示す。このわずかな凹凸が、現在の宇宙の大規模構造《だいきぼこうぞう》の種になったと考えられた。

ＣＯＢＥの研究リーダーの一人である、アメリカの物理学者スムートは言った。

「これでインフレーション理論の正しさが信じられるようになる」

さらに、ＣＯＢＥの後継機《こうけいき》として打ち上げられたＷＭＡＰ（ウィルキンソン・マイクロ波異方性《いほうせい》探査機）は、「温度のゆらぎ」をより精密《せいみつ》に測定し、宇宙の年齢が１３７億年（現在は１３８億年）であることを明らかにした。これはつまり、宇宙の直径が最低でも１３７億光年の２倍、すなわち２７４億光年より大きいことを示す。実際に、後に行われた他の観測により、宇宙の直径は９００億光年を超えると推定されている。しかし、宇宙の大きさに関しては、まだまだ議論の余地を残している。

さて、ホーキングの波乱万丈《はらんばんじょう》の人生は、余命《よめい》２年と宣告《せんこく》された１９６２年から、ゆっくりとではあるが確実に進行する病気と闘《たたか》いながら続いた。

1988年、ホーキングは、一般《いっぱん》向けに最新の宇宙論をまとめた本を書き上げた。それが『ホーキング、宇宙を語る』である。

この本が世界的なベストセラーとなったことで、ホーキングは一躍《いちやく》、世界の有名人となり、巨万《きょまん》の富《とみ》を得た。ホーキングはさまざまな科学番組にも登場した。車椅子《くるまいす》で宇宙を語るという個性的なキャラクターも手伝って、一般人の間でも人気者になった。

社会的に大きな成功を収めても、ホーキングが研究をやめることはなかった。病気が進行して話をすることもままならなくなっていたが、アイトラッキングによる意思伝達装置や合成音声を利用して、研究や講演活動を続けた。

そして2018年3月14日、「車椅子の天才科学者」として世界中から愛されたホーキングは、自宅で安らかな死を迎《むか》えた。

ホーキングはこんな言葉を残している。

――愛する人が住んでいなかったら、宇宙もたいしたところじゃないんだよ。

参考文献

【星の謎に挑んだ人々】

『アリストテレス』（今道友信 著、講談社）

『オックスフォード 科学の肖像　ヨハネス・ケプラー』（ジェームズ・R・ヴォールケル 著、林大 訳、大月書店）

『伝記 世界を変えた人々17　ガリレオ・ガリレイ』（マイケル・ホワイト 著、日暮雅通 訳、偕成社）

『ジュニアサイエンス　ガリレオと地動説—近代科学のとびらをひらいた偉大な科学者』（Richard Panchyk 著、大森充香 訳、丸善株式会社）

『ニュートンと万有引力』（P・M・ラッタンシ 著、原田佐和子 訳、玉川大学出版部）

『ジュニアサイエンス　ニュートンと万有引力』（大森充香 訳、丸善出版）

『ニュートン　あらゆる物体を平等にした革命』（オーウェン・ギンガリッチ 編集代表、ゲイル・E・クリスティアンソン 著、林大 訳、大月書店）

『ハレー彗星』（カール・セーガン、アン・ドルーヤン 著、小尾信彌 訳、集英社）

『かくして冥王星は降格された』（ニール・ドグラース・タイソン 著　吉田三知世 訳　早川書房）

『宇宙は科学の宝庫』（竹内均 著、ニュートンプレス）

『ビッグバンの父の真実』（ジョン・ファレル 著、吉田三知世訳、日経BP社）

『ひきさかれた大陸　大陸移動説をめぐる新しい地球の科学　少年少女ドキュメンタリー19』（小畠郁生 著、偕成社）

『漫画 人物科学の歴史11　ガモフ／ウェゲナー』（ほるぷ出版）

『膨張宇宙の発見　ハッブルの影に消えた天文学者たち』（マーシャ・バトゥーシャク 著、長沢工・永山淳子 訳、地人書館）

『ブラックホールを見つけた男』（アーサー・I.ミラー 著、阪本芳久 訳、草思社）

『マンガ　ホーキング入門　天才物理学者の人生とその宇宙論』（J.P.マッケボイ 著、講談社）

『ホーキング、自らを語る』（スティーブン・ホーキング 著、池央耿 訳、佐藤勝彦 監修、あすなろ書房）

『宇宙の不思議がわかる事典』（縣秀彦 監修、PHP研究所）

『眠れなくなる宇宙のはなし』（佐藤勝彦 著、宝島社）

『世界をうごかした科学者たち 天文学』（ゲリー・ベイリー 著、本郷尚子 訳、ほるぷ出版）

『宇宙大発見 天文学46の大事件』（二間瀬敏史 著、PHP研究所）

『宇宙像の変遷』（村上陽一郎 著、講談社）

※そのほか、多くの書籍、論文、Webサイト、新聞記事、映像を参考にさせていただいております。

NDC280

科学の先駆者たち

❸ 星の謎に挑んだ人々

Gakken　2023　274P　22cm
ISBN　978-4-05-501399-4

2023年2月28日　第1刷発行

発行人　土屋徹
編集人　芳賀靖彦
企画・編集　目黒哲也
発行所　株式会社Gakken
〒141-8416　東京都品川区西五反田2-11-8
印刷所　大日本印刷株式会社
DTP　株式会社 四国写研

科学の先駆者たち

❶宇宙を目指した人々
❷病気と闘った人々
❸星の謎に挑んだ人々
❹生命の不思議に魅せられた人々
❺コンピュータ社会を創った人々